給我一個值得為之死去的目標吧！

……………………

是甚麼使孤單變成深沈的悲痛？
那不是由於無人分擔我的重擔，
而是：
我只背負著自己一個人的擔子。

既不容讓欲望使自己盲目，
又感到自己無權侵擾別人的生命，
更害怕坦露自身的赤裸，
……………………

祈求——你的孤寂可以鞭策你，使你找到一個值得為之生而無悔，為之死而無憾的偉大目標。

基道出版社

▼

靈修著作精選

痕/迹

Markings

原著
韓瑪紹 Dag Hammarskjöld

譯者
莊柔玉

主編
鄧紹光

裝幀設計
郭曉勤

■

出版／發行
基道出版社
香港沙田火炭坳背灣街26號富騰工業中心1011室
LOGOS PUBLISHERS
Unit 1011, Fo Tan Ind. Centre, 26 Au Pui Wan St., Shatin, Hong Kong
電話：2687-0331　傳真：(852) 2687-0281
網址：http://www.logoslink.org.hk

澳洲總代理
基道書樓LOGOS BOOK HOUSE
4 Tooronga Terrace, Beverly Hills 2209, N.S.W., Australia
電話：(612) 9554-3631

●

7/2000初版
Cat. No. LP742
ISBN 962-457-169-4
Originally published in Swedish as "Vägmarken"

Printed in Hong Kong

痕迹

目錄

第一部

第二部

第三部

第一部

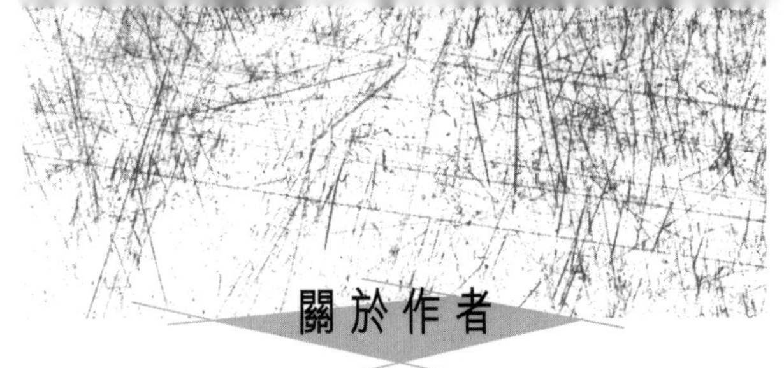

關於作者

韓瑪紹(Dag Hammarskjöld)，世界知名的和平使者及外交家。一九〇五年在瑞典的延雪平(Jonkoping) 出生，父親是第一次世界大戰期間的瑞典首相。韓瑪紹先後在烏普薩拉(Uppsala)大學和斯德哥爾摩(Stockholm)大學修讀法律和經濟，仕途順遂，繼成為瑞典國家銀行董事會祕書、主席後，又在一九三六至一九四五年間被委任為國家財政部副部長，並於一九五一年當上瑞典派聯合國代表團的副主席。翌年，躍升為主席。一九五三年，又當選為聯合國祕書長。一九六一年九月十八日，韓瑪紹代表聯合國乘專機赴羅得西亞(Rhodesia)(現易名為津巴布韋[Zimbabwe]) 與叛軍作停火談判時飛機失事，不幸罹難，政績顯赫的國際公僕生涯就此告終。

MARKINGS

關於英譯本譯者

奧登(Wystan Hugh Auden)，英國著名的詩人及文學評論家。一九〇七年在英國的約克(York)出生，在霍爾特(Holt)和牛津接受教育。二、三十年代深受馬克思主義影響，詩歌創作觀點鮮明，以說理和諷刺為主，與斯蒂芬．斯彭德(Stephen Spender)、克里斯托弗．伊舍伍德(Christpher Isherwood)等被譽為英國最有前途的青年作家。一九三九年移居美國，一九四六年入籍成為美國公民。後期的詩歌風格帶有濃厚的宗教色彩。奧登擅長不同詩體的寫作，藉著清新的當代語言，賦予傳統詩歌模式嶄新的活力和生命，對英國新一代詩人有深遠的影響。晚年多留居牛津，一九七三年在維也納逝世。

關於中譯本譯者

莊柔玉，在六零年代的香港出生。先後在香港大學完成文學士、哲學碩士及哲學博士課程。在大學時期主修英國文學。碩士論文研究文革後崛起的新一代中國青年的詩作。博士論文則以當代繙譯理論來分析中文聖經的權威現象。曾在香港大學中文系、明愛徐誠斌書院繙譯及傳譯學部〔現為語文學系〕、香港城市理工學院人文及社會科學部〔現為香港城市大學語文學部〕負責文學、語文、繙譯的教學工作。現任教於嶺南大學繙譯系，教授傳譯、文學繙譯、聖經繙譯等學科。著作有《基督教聖經中文譯本權威現象研究》、《中國當代朦朧詩研究》。譯作有盧雲的《念》、《新造的人》。另曾發表學術論文和譯文若干篇，以文學、宗教、社會科學、繙譯及傳譯理論等課題為主。

關於痕／迹

鄧紹光

既忘其迹，又忘其所以迹者，
內不覺其一身，外不識有天地，
然後曠然與變化為體，而無不通也。
——〔晉〕郭象《大宗師注》

「只有冥化的手，才能寫出本真的物/事。」這是繙自中世紀神祕主義大師埃克哈特(Meister Eckhart)的文字，英文如下：

Only the hand that erases
can write the true thing

原文為拉丁文或古德文，後繙成英文，如今再轉成中文。英文版的 *Markings* 於日記正文的前一頁印上了這兩行字句。斜斜的排在那裏，躍躍欲飛，彷彿隨時飄逸而去，不落俗世人間。大抵，從拉丁文或古德文到英文，從英文到中文，本就已經是一次冥化的命途。從一種文字到另一種文字，在消極的角度來看，總覺此言不能道盡彼言；積極一點，則此言以其異己性質道出彼言隱而不顯的意義，故此，彼言之隱蔽得藉此異己之言而開顯。這樣一來，彼言必須自行隱去以讓此言開顯其意義。從一種文字到另一種文字，大抵可以如此了解。文字乃痕/迹，乃意義彰顯的場所。

寫作亦如是。

Markings 以埃克哈特之詩句為日記之扉頁，豈不透露這一信息。作者/文字必須自己隱沒，然後物/事的本相才能呈現。只是，何謂「隱沒」？如何才能「隱沒」？隱沒就是先前所說的冥化，從另一個角度說出「退讓」的意思。然而，「退讓」又是甚麼意思？這樣一層一層的翻查、細想、沈思，正是冥化、隱沒、退讓的過程。其實，作者/文字還是存在的，只是以痕/迹的方式存在。而所謂冥化、隱沒、退讓，就是一不斷消除特定界限的過程，好讓物/事可以不斷在更廣闊的境域(horizon)中呈現其本來面目。

激進的說法就是作者已死、文字已死。這樣的說法，同樣需要冥化、隱沒、退讓。否則，執實了即限定了，以為作者和文字都不必存在了，結果成了虛無。成了虛無，也就無可言說了。虛無，如何可以言說？如何可以言說虛無？言說，通過作者和文字而呈現。

死，大概只能是大死一番；大死一番之後就是大生。大死大生，即冥化、隱沒、退讓，物/事由此呈現，而作者/文字即成痕/迹。成為痕/迹，也就是不讓作者/文字成為僵化的框架，死硬地規限了物/事的呈現。再進一步說，也就是不讓作者成為中心，不讓文字成為中心。德里達(J. Derrida)的grammatology也無意以文字為中心，因為文字只是痕/迹。

文字，因而必須能自我冥化、隱沒、退讓，自我消解其絕對的限定性。然而，怎樣的作者/文字才能如此？曰：沈思式的(meditative)、詩意式的(poetic)。這是套用海德格(**M. Heidegger**)的。換上中國式的表達，觀照式的、境界式的、啟發式的。非有我之境，而為無我之境；達無我之境，則物我兩忘；能物我兩忘，則能消解限定，而讓本來面目呈現。是以，中國哲學及文學中甚多消解文字的講法，如道家正言若反，如禪宗不立文字。在寫作中，作者/文字能達此境，即為道、存有所滲透而言說，而可自行歸於痕迹之本分。

痕/迹，而非痕迹。若為痕迹，亦易執實痕迹本身，而使痕迹成一限定框架。痕迹原只是物/事在某一時空中呈現的性相，因而具有指向的作用：指向物/事，雖則此痕迹亦屬物/事的。因此說痕/迹。痕，或，迹。這樣就有一種延擱的作用。因為這中間的「/」，即一分為二，但這二又是合為一的，二而一。一分為二，就生出兩個互有差異的意思：痕、迹，中間的「/」即為一種斷裂、非等同的表示。痕，不能圓滿表達；迹，也不能圓滿表達。故此，痕需自我冥化，讓迹呈現；迹需自我冥化，讓痕呈現。但兩者又非「非此即彼」的關係，反之，卻是「既此亦彼」的，因為這是一整體的表達：痕/迹。中間的「/」同時把兩者聯繫起來。故痕、迹均不可被絕對否定。然而，還不單如此，這中間的「/」同時也把兩者予以冥化：「非此亦非彼」。既然痕、迹均不能圓滿地表達、呈現物/事，那麼，兩者均需隱沒、退讓，而成~~痕/迹~~。只是，若如此表達：~~痕/迹~~，又嫌太顯，太顯反為不妙，不能冥化，未能不「著」痕/迹而盡得風流。到底，~~痕/迹~~只是痕/迹。

閱讀《痕/迹》，亦當如是。

只有冥化的眼睛，
才能讀出本真的物/事。

二〇〇〇年二月二十五日

三心莫逆

——序莊柔玉漢譯韓瑪紹的《痕／迹》

黃國彬

嶺南大學緬譯系教授

彭定康獲英國政府委任為香港總督後，於一九九二年來港履新。他到達啟德機場，步出機艙的時候，手中攜帶的並不是《基本法》，也不是《聯合聲明》，而是艾略特的詩集。後來，彭定康在政治上的表現雖然十分出色，許多人（包括彭定康在牛津時期的同學）都說他像詩人，不像從政人物。

杜魯多任加拿大總理期間，如日中天時突然宣布辭職，理由是：他在雪夜獨行，豁然有悟，乃決定離開政壇。後來，許多加拿大人都說，杜魯多像詩人，不像從政人物。

讀了韓瑪紹(Dag Hammarskjöld)的《痕 / 迹》(***Markings***)，我心中也說：韓瑪紹像詩人，不像從政人物。我這樣說，許多人會問：「韓瑪紹曾任聯合國祕書長，長期置身於世界政治的漩渦中心；不像政治人物，怎能生存？」韓瑪紹怎能生存，我也不知道；不過光看《痕/迹》一書，我就可以肯定，韓瑪紹敏於自省，敏於觀照生命，敏於思索宇宙的奧祕和人神關係，其心靈是詩人的心靈。試看下面幾段文字：

> He is one of those who has had the wilderness for a pillow, and called a star his brother. Alone. But loneliness can be a communion.（奧登英譯頁31）
>
> In the soft darkness of the lonely flame surrounded by a womb of warm light. The hyacinth, a white cloud above the deep well of gloom in the mirror, barely glimpsed, glittering through the whispering forest of books.（奧登英譯頁26）
>
> Light without a visible source, the pale gold of a new day. Low bushes, their soft silk-gray leaves silvered with dew. All over the hills, the cool red of the cat's foot in flower. A blue horizon. Emerging from the ravine where the brook runs under a canopy of leaves, I walk out onto a wide open slope. Drops, sprinkled by swaying branches, glitter on my hands, cool

my forehead, and evaporate in the gentle morning breeze.（奧登英譯頁 63）

無論是自省、詠物還是寫景，都展現了細膩的觸角；與達雷爾(Lawrence Durrell)、于斯曼(Joris Karl Huysmans)、帕斯捷爾納克(Boris Leonidovich Pasternak)、勞倫斯(David Herbert Lawrence)、王思任的類似片段並列也不會遜色。

下列一類描寫，更直探神祕主義的境界：

Clad in this "self," the creation of irresponsible and ignorant persons, meaningless honors and catalogued acts —— strapped into the strait jacket of the immediate.

To step out of all this, and stand naked on the precipice of dawn —— acceptable, invulnerable, free: in the Light, with the Light, of the Light. *Whole*, real in the Whole.

Out of myself as a stumbling block, into myself as fulfillment.（奧登英譯頁 131）

引文的感性、思想，以至語言的表達力，在聯合國安

理會、英、美國會、香港立法會的從政人員中，都不易找到。這些組織的精英雖然辯才無礙，能以個人魅力贏得無數選票；卻未必能像韓瑪紹那樣思接天人，把奧祕而深刻的經驗識諸文字。政治才幹和詩人的感知能力雖然不必像水之與火，互相排拒；卻鮮會像乳之與水，渾然交融。出色的詩人（如屈原、陶淵明、杜甫、蘇軾、但丁）從政，不是鬱鬱不得志，就是沒有「好下場」；政治生涯，只是他們的渡頭，讓他們登上藝術之舟，孑然航向不朽。

上述的一段文字，從自我寫到束縛；從束縛寫到赤裸立在黎明之崖的自由和置身於大光明的完美，展示的是詩人、聖哲的敏感和智慧，叫人想起華茲華斯(William Wordsworth)、聖奧古斯丁(Aurelius Augustinus)和聖胡安〔或譯作十架約翰〕(San Juan de la Cruz)。三位作者當中，又以聖胡安和韓瑪紹的心頻最接近。在《痕/迹》裏，韓瑪紹引述了聖胡安的觀點及詩作〈登加爾默羅山之歌〉(“Canción de la subida del Monte Carmelo”)：

"Faith is the marriage of God and the Soul.
" (*St. John of the Cross*)

Faith *is*: it cannot, therefore, be

comprehended, far less identified with, the formulae in which we paraphrase what is.

—— "*en una noche oscura*." The Dark Night of the Soul —— so dark that we may not even look for faith. The night in Gethsemane when the last friends left you have fallen asleep, all the others are seeking your downfall, and *God is silent*, as the marriage is consummated. (奥登英譯頁 81)

《登加爾默羅山之歌》和《痕 / 迹》的許多描述相近，以實事、實景開始：

En una noche oscura,
Con ansias en amores inflamada,
¡oh dichosa ventura !
salí sin ser notada...
一個漆黑的夜晚，
充滿熾熱的情懷
(良辰兮佳善)，
我偷偷地走出屋外......

結尾時深入哲理和神學領域：“Sin otra luz y guía

/Sino la que en el corazón ardía.”（「沒有別的光明、別的嚮導 / 只有心中燃燒的熾焰」）。論詩藝，在西班牙的詩人之中，聖胡安未必比得上伽爾西拉索·德拉維伽 (Garcilaso de la Vega)和弗賴·路易斯·德雷昂(Fray Luis de Leon)，但是他的神祕主義色彩、對心靈世界的深入探討以及對神的嚮往，都吸引了韓瑪紹，結果在《痕 / 迹》裏留下頗深的痕迹。

韓瑪紹《痕 / 迹》的原著以瑞典文寫成。我不懂瑞典文，無從欣賞原著的優點。不過光看奧登的英譯，我也能隔語會心；並且覺得，儘管經過繙譯的折射，韓瑪紹的感知仍燦然在我眼前呈現。我有這樣的感覺，原因有二：第一，原著的思想在繙譯過程中較易保留；透過英譯，我也看得到韓瑪紹的心光。第二，譯者奧登，是英語世界中繼葉慈和艾略特之後的翹楚，文筆精妙，其譯本讀起來不像繙譯，而像原著。不知道《痕 / 迹》來龍的讀者看了英譯，再看奧登與伊舍伍德(Christopher Isherwood)合著的《戰爭之旅》(*Journey to a War*)，一時恐怕不容易斷定，哪一本是英文創作，哪一本是瑞典文英譯。我個人常有這樣的想法：由一流創作衍生的一流譯本，有時可以「亂真」，比許多二流創作耐看。譬如蘿絲瑪麗·艾德門斯(Rosemary Edmonds)英譯《戰爭與和平》，J. M. 科恩(J. M. Cohen)

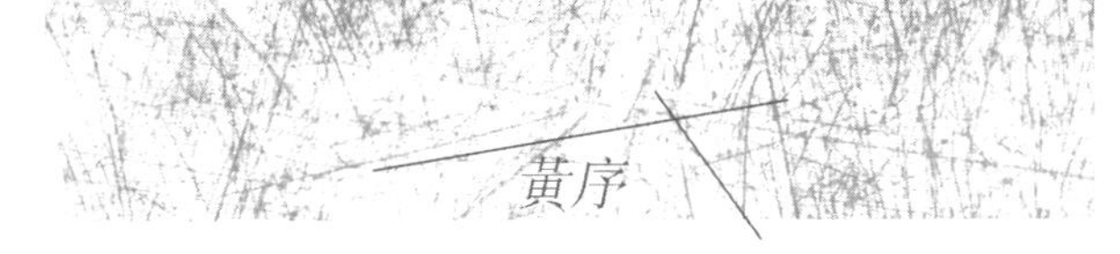

英譯《唐·吉訶德》，都有「亂真」的本領。看了這些佳譯，再看即讀即棄的英文暢銷小説，我們就會覺得，出色的譯者駕馭文字時，可以遠勝暢銷作家。奧登的繙譯是否準確，我當然無從評説，只敢謹慎地猜度：奧登是傑出詩人，作品出色；雖然不懂瑞典文，卻有一位懂英文的瑞典專家雷夫·舍貝里(Leif Sjöberg)跟他合作，應該有可靠的質量保證。因為奧登的驕人資歷，涉獵過現代英詩的讀者都不會不熟悉；舍貝里呢，據奧登在英譯本序言裏所説，合作時「耐心而仔細」(見英譯頁 xxii)。那麼，我對舍貝里和奧登合譯的 *Markings* 抱有信心，大概不算魯莽吧?

理想的譯者應該懂得所譯作品的原文。可惜通天塔的鴻圖告吹後，語言之海無涯，繙譯之洋浩淼，有時候我們難免要循轉譯之途以求寸進。譬如五四時期的中國，雖然人才濟濟，但不少歐洲名著都譯自英文。由於歐洲名著的英譯傳統深厚，水平通常都有保證；在缺乏原語專家時以英語為橋樑，也不失為權宜的好方法。

莊柔玉像奧登一樣，不懂瑞典文；可是除了這完全可諒的「欠缺」外，她有難得的履歷，是漢譯 *Markings* 的適當人選。

首先，莊柔玉是香港嶺南大學繙譯系的助理教授，譯過不少文章，念博士學位時以《聖經》繙譯為研究對象，集理論和實踐於一身。第二，莊柔玉對台灣、大陸的新詩都有研究，正好上接韓瑪紹和奧登的詩心，繙譯書中的詩質散文和詩作時有游刃的從容。第三，莊柔玉是基督徒，深諳基督的教義，譯起韓瑪紹「通神」之思會佔先天的優勢。縱觀她的繙譯，發覺這樣的一份履歷果然管用：譯本流暢清通，筆觸細膩準確，譯者在理解原作（即奧登的英譯）、駕馭中文時都能證明，她在中文的海洋裏經過長期浸淫，是一位出色的泳手。試看下列英文片段和中譯：

> Light without a visible source, the pale gold of a new day. Low bushes, their soft silk-gray leaves silvered with dew. All over the hills, the cool red of the cat's foot in flower. A blue horizon. Emerging from the ravine where a brook runs under a canopy of leaves, I walk out onto a wide open slope. Drops, sprinkled by swaying branches, glitter on my hands, cool my forehead, and evaporate in the gentle morning breeze.（奧登英譯頁63）

> 光——看不清來源。抹上淡金色的新的一天。矮樹叢柔軟的灰綠葉子，鍍上了銀露串串。山的四周也植滿了歐亞活血丹的冷紅。一望無垠的湛藍。一道清溪，流過樹影婆娑的峽谷。我繞過峽谷，走上一道遼闊的山坡。樹枝搖曳，灑下水珠點點，在我的手上來回閃動，給我的額頭帶來陣陣清涼，在清晨的微風默默消散。(漢譯頁 81~82)

英文出自名詩人的手筆，已經不像繙譯，而像勞里・李(Laurie Lee)寫景的雋篇：落筆瀟灑輕靈，節奏從容不迫，視覺和觸覺經驗藉晶瑩剔透的文字直叩讀者感官。面對這樣優美的散文，莊柔玉沒有怯場，卻能氣定神閒，以同樣準確的文字和節奏傳遞神采；精彩處直追港、台、大陸的散文佳作。

當然，像許多出色的繙譯一樣，上述的漢譯還可以精益求精。譯者如刪去「銀露串串」中的「串串」和「默默消散」中的「默默」，以避免過多的疊字，效果可以更進一步。在中國的古典文學中，我們固然有《古詩十九首》的先例可援：「青青河畔草，鬱鬱園中柳。盈盈樓上女，皎皎當窗牖。娥娥紅粉粧，纖纖出素手。」嚴羽的《滄浪詩話》也曾為這首詩的疊字「辯護」：「一連六句，皆用疊字，今人必以為句法重複之甚。古詩正不當以此論之。」可是古詩的「特權」，在現代散文裏未必適用；因為疊字過多，有時會影響作品的彈性。

不過看了下面一段，想「責備賢者」也找不到藉口了；不但找不到藉口，而且有義務詳加分析，以展示譯者的慧心、巧思：

"The *Wind* bloweth where it listeth ——
　　so is everyone that is born of the spirit."
(John 3:8)
"And the *light* shineth in darkness.
　　and the darkness comprehended it not."
(John 1: 5)
Like wind—— In it, with it, *of* it. Of it just like a sail, so light and strong that, even when it is bent flat, it gathers all the power of the wind without hampering its course.

Like light—— In light, lit through by light, transformed into light. Like the lens which disappears in the light it focuses.

Like wind. Like light.

Just this —— on these expanses, on these heights. (奧登英譯頁 109)

「風隨著意思吹……

凡從聖靈生的，也是如此。」 (約三 8)

「光照在黑暗裏，

黑暗卻不接受光。 (約一 5)

如風一般—— 在風中，隨風而行，**從風而來**。從風而來就如揚帆起航，柔和而強韌，縱然要傾側平臥以適應風向，也會全然借助風力，不改航道。

如光一般—— 在光中，由光照明，轉化成光。有如眼球的晶狀體，在對焦的當兒消失在光中。

如風。如光。

單單如此—— 在一片片廣袤的原野，在一處處巍峨的高地。(漢譯頁 139~140)

我是「化外之民」，並不是基督徒，在此不妨大著膽子，說句「冒犯聖言」的話：就文字和節奏而言，莊柔玉的緡譯比所引的漢譯《聖經》勝一籌。《聖經》中譯的節奏頗為板滯，缺乏《聖經》英譯、奧登英譯和莊柔玉漢譯的靈動之姿。「風隨著意思吹……從聖靈生的也是如此。」「黑暗卻不接受光。」無論怎樣但念，這些句子都有點彆扭，難以取悅敏感的耳朵。「從/聖靈/生的/也是/如此」一句，二字頓之間毫無變化，更使人想起周作人散文（包括經常出現在五四散文選集裏的名篇）的慵怠句：

> 鄉下懂事的老輩沒有説明給我聽過，我也沒有本領自己去找到説明。（《水裏的東西——草木蟲魚之五》
> 中國人的好朋友的蒼蠅們呵……
> 但是他的慓悍敏捷的確也可佩服……（《蒼蠅》）
> 截至本稿上版時止，本人遂不能不暫且承認上述的那句格言……
> 統計世間死法共有兩大類……（《死法》）

在這些句子裏，作者讓過多的二字頓連續出現（「老輩/沒有/説明/給我/聽過」；「沒有/本領/自己」；「但是/他的/慓悍/敏捷/的確/也可/佩服」），或甘心讓區區一個「的」字把句子拖垮（「中國人的好朋友的蒼蠅們呵」），證明他未懂開闔弛張之道、加速減速之方。也正是這個緣故，讀周作人的散文，很快就會感到沈悶。上述《約翰福音》的幾句漢譯，慵怠之態雖沒有周氏的散文那麼明顯，卻也毫不模稜地告訴讀者，負責繙譯的人對漢語節奏缺乏敏感。

《聖經》漢譯，已有頗長的歷史，但是不知何故，迄今仍遠遜《聖經》英譯。先説英譯。欽定本(Authorized Version)不提，即使坊間常見的一些版本，也往往流暢可誦，鮮會佶屈聱牙、乖離地道英語的説話習慣。漢語世界卻不是這樣：無論是天主教還是基督教的《聖經》譯本，都常叫關心漢語的「化外之民」納罕：「這是上帝的語言嗎?」 在英國，因吸取欽定本營養而成為作家——甚至大作家——的，可説不勝枚舉；在漢語世界，這樣的《聖經》佳譯還沒有出現。莊柔玉是基督徒，唸博士時研究《聖經》繙譯，應該跟許多不太高明的《聖經》接觸過，卻不受這些拙版污染；不但不受污染，抑且輕而易舉地超越之，可見她對語言有先天的敏感。上述中譯 （「如風一般——在風中，隨風而行，**從風而來**。從風而來就如揚帆起航，柔和而強韌，縱然要傾側平臥以適應風向，也會全然借助風力，不改航道。」），跌宕多姿，伸縮變化間充分證明，譯者對文字和節奏有高度的駕馭力。光看這段繙譯，我就可以斷言，譯者有靈敏的耳朵，既有條件譯散文，也有條件譯詩，寫詩；以她青盛之年，甚至可以學希臘文，將來參與《新約》的重譯工作。

在這本漢譯裏，讀者還會發覺，譯者看原文（奧登英譯），比許多人仔細，繙譯的手法也比許多人靈活。凡是敏感的譯者，都能準確地看出原作每一段、每一句、每一字的輕重；其譯文和原作銖兩悉稱。在《痕/迹》的漢譯裏，莊柔玉就表現了這樣的造詣；簡簡單單的一詞一字，往往都富巧思。譬如下面一句：

> "The flutes of exile."（*St-John Perse*） Forever among strangers to all that has shaped your life —— alone. Forever thirsty for the living waters —— but not even free to seek them, a *prisoner*.（奧登英譯頁 132）

"prisoner"0 一詞用斜體，表示語氣加強。一般譯者可能覺得，光用粗體漢字（「**囚犯**」）就可以把原文的意義擒來。但莊柔玉知道，用了粗體之後，還須補足：

> 「放逐者之笛歌。」
>
> —— 聖約翰．佩爾斯
>
> 在陌生人中間，面對塑造你生命的一切，你永遠是—— **孤獨一人**。永遠渴慕著活水—— 卻連尋索的自由也沒有—— **好一個囚犯**！（漢譯頁 166）

在「**一個囚犯**」之前加一個「**好**」字，譯文之於原文才會像影之隨形。

同樣的匠心，在下面的例子裏也可以看到：

Before Thee, Father,
In righteousness and humility,

With Thee, Brother,
In faith and courage,

In Thee, Spirit,
In stillness.（奧登英譯頁 104）

聖父啊，**在祢面前**，
稟公義，謙卑俯伏；

聖子啊，**與祢一起**，
憑信心，奮勇向前；

聖靈啊，**在祢裏面**
全仰賴，屏息靜氣。（漢譯頁 134）

奧登利用英語詞的複音，在相同的句式裏由最長的 “In righteousness and humility” 逐漸向 “In stillness” 過渡、收斂，以節奏、音聲摹擬説話者走向 "stillness" 的過程，極富匠心。漢語的單音詞比英語多，最宜對仗；莊柔玉看出了漢語的特點，在句式上沒有像奧登那樣由長趨短，卻能「因語制宜」，別樹一幟，利用漢語的獨有資源創造另一種藝術效果相應，足見她深明變通之道。

在下列英詩的漢譯中，莊柔玉的譯筆則表現了融會消化之功：

Honeysuckle.
In a gray twilight
His sensuality awoke.（奧登英譯頁 189）
忍冬蔓生遍野。
蒼茫的暮色下，他
春心勃發。（漢譯頁 195）

面對 “His sensuality awoke” 這一行，不懂融會的譯者大概會先繙英漢詞典，找 “sensuality” 的定義：「耽於聲色；好色，淫蕩」(三聯版《新英漢詞典》)；「1. 官能性；肉欲性 2. 喜愛感官享受 3. 縱欲；好色，淫蕩 （陸谷孫主編，《英漢大詞典》）。可是詞典在這裏不能給他太大的幫忙。「他的好色醒了」?「他的淫蕩醒了」?「他的官能性醒了過來」?「他的肉欲性醒了過來」?……咦，都不像地道漢語；該怎麼辦呢? 於是只好硬來，結果是硬譯、死譯，或束手無策，像譯海中的一條破船突然擱淺。面對這樣的句子，莊柔玉卻能四兩撥千斤，以一句「他 / 春情勃發」，就解決了許多譯者解決不了的困難。真是從容瀟灑、借力打力的高招!

我在嶺南緇譯系跟莊柔玉共事多年，只知她幽默風趣，觀事觀物都叫人覺得，她不愧為莊子的孫女。不過她在緇譯上的功夫，我一直無緣細察；現在詳看《痕 / 迹》，才發覺她譯筆流暢，搦管有豐富的漢語資源供她調遣，應付棘手的原文時又每多巧思；叫我不得不相信，她的慧心跟韓瑪紹、奧登有相同的頻率；讀《痕 / 迹》漢譯，等於聽三個敏感的心靈，隔著遼夐的時空翕然共振，不悖不違，莫忤莫逆。

二〇〇〇年三月十七日

於香港嶺南大學

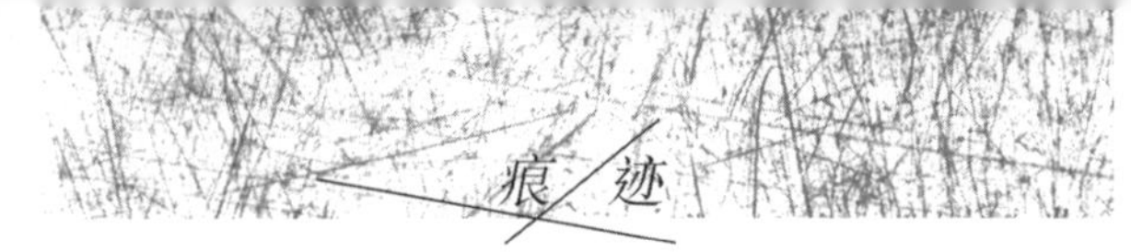

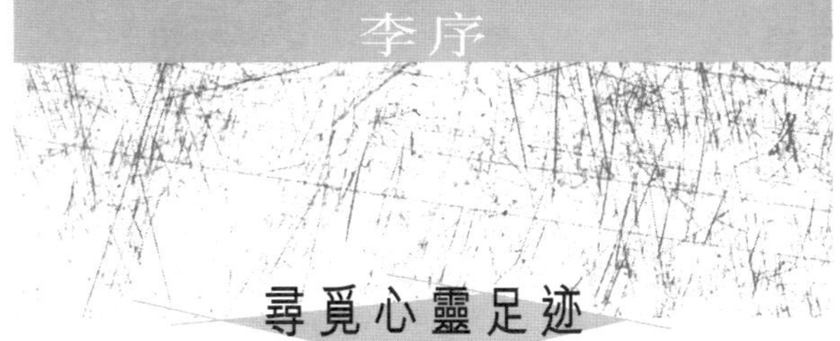

尋覓心靈足迹

李淑潔

《蘇恩佩文集》主編

桌上放著 *Markings* 的全新譯稿，我又從書架摘下兩本書，一本是六十年代硬皮版本的 *Markings*，另一本是關於作者韓瑪紹生平的資料，這兩本書同屬於蘇恩佩女士遺留的珍藏。

恩佩生前曾鄭重向讀者推介 *Markings*。因著心中有股「捺不住的熱望」，她還把其中一些片段譯為中文——《痕》。這書陪伴恩佩多年，是她的屬靈資產之一，亦成為她心靈生活的一度印記。

時隔已久，這些事對年輕的讀者可能感覺遙遠，可是一本好書往往超越時空。這本札記的內容，對於重視內在世界，踏足心靈旅程的朋友，卻是歷久常新。當時代的步伐愈走愈快，心靈的重要性更趨凸顯。在二千年的春分時節重讀恩佩的舊書，對我來說，是別饒意義。燈下，我翻開日已發黃的書頁，覓閱昔日恩佩如何尋找韓瑪紹的足印，今日我依著她留下的痕迹，尋索他們共通之處，心靈交疊所走過的路，希望從中得到啟迪。

恩佩在韓瑪紹的一篇名為〈新世界裏的亙古信條〉的演講辭上，用尺在字句下劃線，又在文章旁邊打星作記號，彷彿要追尋韓背後的屬靈動力，察究是甚麼塑造了一顆偉大的心靈。這篇演辭正是韓氏的自我剖析，道出自己信念的根由，他的一生行事為人都緊隨原則和信念，那種表裏一致的人格為世人所景仰。其中一些因素，如父母的影響，中世紀的聖徒修士的榜樣，恩佩都有文章論及，這裏不再詳述。其中有關史懷哲醫生的影響，值得我們重新參考的。

韓氏認為史懷哲醫生的倫理觀及其實踐方式，正好幫助他把童年信仰與現實社會的挑戰融貫在一起。透過服務大眾社羣，古老的福音與現代的需要不但能夠配合，並且能和諧地共冶一爐。史懷哲畢生奉獻，服務貧苦落後國家，從不肯以自己的學識見解凌駕別人。韓敬佩史醫生的謙遜態度，視他為學習的典範，也因如此，韓很注重倫理觀念，行為操守十分嚴謹，對於自己的人格修養猶如運動員鍛鍊攀登山嶺的紀律。韓在《痕/迹》多處描述峻嶺大自然的感受，外在的山峯登攀和內在的屬靈操練成了有趣的對照。

恰巧，史懷哲亦是恩佩所敬佩的人物。她走上奉獻的道路，早期往郊區小學教書，又以宣教士身分往台灣事奉，後來一直致力青少年工作，她對倫理的探索，生活上的原則與實踐跟韓如出一轍，同樣被史懷哲這樣鞠躬盡瘁的人物所影響。

「在我們的世紀，到聖潔之路必須經過行動的世界。」

可以想像恩佩對韓這句話所產生的共鳴，因為她身體力行，深深體會其中的代價。

在《痕/迹》裏面，其中一個主題——黑夜，亦使恩佩心靈產生巨大的迴響。

「黑夜」源自一首韓所熟稔的聖詩，這個主題在他的札記裏重複出現，是他恆常思考的課題。黑夜含意豐富，其實包括了人生終極的回望、幽暗的情緒、孤寂、十字架、熬煉、死亡等與生命意義息息相關的內容。

「黑夜將到——
　　願你的旨意成就」

年輕的時候，歌唱為主而活比較容易，可是對往後要走的十架道路，實際上卻是一無認識。通往永恆光明之門，必須經過幽暗、必須透過熬煉，甚至死亡。在這個講求利益成就的年代，誰願意明白這個道理？韓只能夠向自己的札記傾吐這方面的心事。

崇高的理想、真正服務並不一定帶來別人的欣賞、接納，反之，往往被誤會、排斥，甚至帶來傷害。韓很清楚自己的選擇會帶來甚麼的後果。他寫在一九五一年的一段默想甚具代表性。他描述一個「年輕人」面對人生抉擇，堅定不移投入無我的事奉。

「選擇了一條路就不能走其他的路了。

「他同意接受生命的一個可能性，早在他從曠野回來之時，他已得到初步的暗示。要是神向他要求甚麼，他必定遵從。直到最近，他想，才較清楚明白和認識這可能是通往十字架的路。……惟有走到路的盡處，答案才有分曉。盡處可能是毫無價值的死亡——也可能是那條通往十字架的道路。」

韓顯然在思想耶穌的生平，藉此幫助自己面對人生的路途。原來耶穌可以另有選擇：「進城時和撒那的歡呼聲——這些歡呼聲卻敞開了各種不同的可能性，他不一定要踏上那條已選擇的道路呢！」

韓意識到活在別人的讚許聲中，是一個容易的可能性，甚具誘惑的選擇；但要降服在神的旨意下，卻是不容易。「無我」的服事必須經過火般的熬煉過程，如耶穌在曠野經過四十晝夜飢寒交迫的試煉。韓也因著自己這種抉擇，無可避免地經歷了靈魂的黑夜。《痕 / 迹》就記錄了一九五〇至一九五二年間最深刻的黑夜感受。

月黑風高，四野孤冷，靈魂獨自面對天地之悠悠，黯然與「自我」糾纏掙扎，剖析自己每一個動機，每一個意念，毫不留情的鞭撻，又冷不防那控訴的聲音在嘲弄、在質疑；有時靈魂在上下翻騰抽搐；有時卻空白寂悶，「死」的過程竟如此漫長；直至整個人淨化，降服在神的旨意下。

《痕 / 迹》的可貴之處，也在於這種赤裸的剖白。一個冷靜機智的外交官，裏面也是有血有肉的凡人，卻追求完美，擁有趨向成熟的內心世界。這些人生的矛盾、痛楚的印記，同樣亦為恩佩所深切體會。

黑夜終於露出曙光。當韓能夠真正向生命說：是的！甘心接受生命所有的一刻，他裏面豁然開朗；他已準備好了——無論是生的挑戰和任務，或是面對死亡。自始，他履任聯合國祕書長之職，無論遇到霸權強國，或是威迫利誘，他都能勇敢地堅持原則，維護弱小的羣體。別人訝異他哪裏來的力量，卻沒想到他所經過的是怎麼樣的路程，他的根基建於信仰，與創造主的契合。

對於長久與病患糾纏的恩佩，黑夜的經歷一點都不陌生。韓或沒有從現實生活中使別人明白他對「黑夜」的思緒，可是他在札記裏卻表露無遺；而使恩佩心靈震撼的，正正是這種深沈的體驗與共鳴。

燈下，我回顧著歲月的流逝，思念著已走進永恆的心靈導師，沒想過在大學時念的一本書，帶我走過那麼多的路。重閱的不僅是黃紙黑字的內容，更是那曾活在不同時空，不同角落的美麗生命，他們的心靈軌迹竟如何交疊，如何觸動、燃點，激勵我們。為此我深深感謝，謹此記下，聊表懷念之情。

二〇〇〇年三月二十一日

《痕╱迹》•讀者•譯者

莊柔玉

在繙譯《痕 / 迹》一書的過程中，腦海中偶爾浮現一個沒有答案的問題：讀者與你素未謀面，他們想看的，是韓瑪紹的作品，為甚麼卻對你的譯文報以信任，認為通過你的文字，就可進入韓瑪紹深邃高雅的心靈世界？

不看原文的讀者，惟一接觸到的，就是譯者的文字。譯者對原文一思一念的推敲，一晃一動的感應，可能是主觀的投射，又或是不自覺的遺漏。譯者把原文消化後反芻出來的文字，無論對一顰一笑的勾勒，或一草一木的描繪，當中落筆的輕重、行文的緩急、著色的濃淡、意境的虛實等，絕對可以是差之毫釐，謬以千里。畢竟譯本就是重新演繹的文本，從任何角度來說都不等同原文，尤其是文字由外域移植到本國的土壤上，一定會有所變動，有所差異。正如好些繙譯理論家所說，繙譯的過程有增有減，譯文必然損失了一些原文的東西，但又添加了一些自身獨有的東西。

換言之，譯文並非必然是原文的靜態或動態對等，譯文與原文的相似程度往往取決於譯者的繙譯目的、譯學理念、語言能力、文化知識、文字造詣、氣質脾性，以及譯者身處的文化背景等。既然譯者本身蘊藏著許多變數，而譯文的成敗得失又完全仗賴譯者獨一無二的筆觸，那麼，譯者的角色在繙譯作品中應該非常重要，讀者閱讀繙譯作品理應先看譯者是誰，有了信任的基礎後，才全情投入書中的虛擬天地。這就正如我們不會不假思索地全盤接受一個毫不認識的人所傳達的信息，因為傳話人的身分若未確定，經他轉達的信息未必可靠；況且要消化信息的內容，不可能抽離於傳話者的背景資料，漠視他在傳遞消息上扮演的角色。

基督教漢譯作品有個頗為奇特的現象，就是一方面繙譯活動相當蓬勃，漢譯作品在品種和數量上都遠勝本土原創作品，但另一方面卻出現了無數無名的譯者。所謂無名，不是沒有名字，而是名字無關痛癢，因為讀者根本從不理會譯者是誰。只要原文作者聲名顯赫，不論譯作的質素如何，讀者都不會提出抗議。因此，一些中文古怪莫明、上文下理難於捉摸的漢譯作品，不愁沒有市場價值，這可從不少這類作品的銷量反映出來。也許有人認為這個「無名的譯者」現象是譯者地位低微的表徵。無疑，譯者地位的確不高，這是難於推翻的事實；但與其說譯者不受重視，倒不如說讀者地位較譯者更低微。至少，譯者無論把原文繙成怎個樣子，在基督教中文書籍的市場上仍有生存的空間，不會遭人無情的鞭撻或唾棄（這點甚至可引申為譯者地位崇高的反論調）；相反地，市場並沒有為讀者提供五花八門的選擇，讀者好像沒有提出要求、異議的權利，譯本的文字也沒有刻意遷就他們的閱讀習慣，讓他們馳騁於媲美原文的優美詞藻中，充分享受閱讀的樂趣。

這個「無名的譯者／無聲的讀者」現象，異常有趣。讀者的沈默，其實可從不同的角度加以理解。最簡單直接的一個解釋是資源短缺，即讀者有感於本土創作的缺乏，需要大量汲取外國作品的養分，但礙於人力資源不足，惟有接受有欠理想的繙譯作品，並以此作為把外國的思想文化兼收並蓄的主要渠道，而不加以排斥或摒棄。其次，這可能與讀者被動的包容意識有關。即是說，基督教漢譯作品的讀者胸襟廣闊，對文字有無比的容忍力，無論譯作的質素如何，都不會行使汰弱留強的選擇權。於是，市場上即使充斥著良莠不齊的譯本，讀者也不吭一聲。另一個假設是，華人信徒讀者主動認為繙譯既然是舶來品，當然富有異國風貌，譯作愈是詰屈聱牙、暗晦詭奇，就愈能綻放異國色彩，發揮陌生化的魅力，甚至以此為忠於原文的最佳呈現。因此，讀者把繙譯撥入另類作品的類別，樂於抱著囫圇吞棗的心態去賞覽文字風格別樹一幟的譯本。既然讀者連逐一品嘗譯作都來不及，又怎會提出別的要求？最激進的一個假設是，基督教中文書籍的讀者高舉原創、輕看繙譯，視繙譯作品為原文的附庸或讀者攫取原文資訊的工具。因此，就算譯本文字水準低劣，甚至扭曲畸怪，讀者都會認為無傷大雅，因為譯本的價值形同次貨，不屑一談。誠然，讀者的緘默，不能一概而論。不過，上述的假設卻揭示了譯者與讀者之間的微妙關係，對尋求突破的譯者有一定的啟示。

要是讀者的沈默不語，是基於上述的第一或第二個假設，即資源短缺及包容意識，那麼，譯者應當自強不息，藉著提高繙譯的素質，為這類抱有美好願望的讀者提供更多不同的選擇、更多優質的精神食糧，免得辜負了讀者的忍耐和厚愛。倘使讀者的默不作聲是基於第三或第四個假設，即繙譯屬異類或繙譯乃劣品的觀念，那麼，有文字使命的譯者更是任重道遠，責無旁貸。除非有抱負有才華的譯者打算放棄繙譯，改而從事本土創作，藉此擺脫次貨的標籤效應，好讓自己的作品能得到較合理的對待，發揮文字本身應有的力量；否則，譯者更要致力搞好繙譯，力挽狂瀾。一方面，譯者必須推動繙譯觀念的更新，讓讀者明白不一定是扭曲了的文字，才能散發異國的情調，反之，優雅俊秀的文字是更能叫原文重獲新生，叫譯作大放異彩。另一方面，譯者也要致力從事繙譯的活動，使市場上不斷出現能與本土優秀創作爭妍鬥麗的譯本，叫譯作也能擠身基督教中文作品的文化寶庫，從而具體地化解所謂譯本乃下下品的偏見。由是觀之，無論讀者沈默的原因是甚麼，積極的譯者有必要圖強求變，把繙譯的活力和生命力釋放出來，打破「無名的譯者/無聲的讀者」的局面。

回到開首提出的問題：與你素未謀面的讀者為何相信通過你的譯文可進入韓瑪紹的心靈世界？這個問題其實不能抽離於基督徒讀者閱讀漢譯作品的文化。上文的分析若是正確的，即譯者與讀者的關係正是無名的譯者碰上無聲的讀者，那麼答案極有可能是：讀者沒有選擇，只能無奈地相信；或是讀者半信半疑，邊看邊揣測。姑勿論讀者這些態度是出於直覺還是經驗，有一點是肯定的，譯者和讀者都不能在上述兩種情況下建立有建設性的互動關係，叫繙譯作品本身的生命力綻放出來。若要扭轉頹勢，讀者也許要避免把譯者視作「無名的譯者」，把他們等同繙譯的機器，或無個人感情、理念、學養、文采、氣質的傳話人，又或把譯作看成標準化、樣板化、帶著不同程度偏差失誤的製成品；讀者不妨多了解譯者的背景，審慎地判別不同譯本的特色。此外，譯者也許不應把讀者看成「無聲的讀者」，認為他們是沒有要求，沒有期望的一羣，以致在繙譯的過程中不是畏首畏尾就是任意妄為，不能把繙譯的工作拿捏得恰到好處：譯者不妨為譯文的繙譯策略定位，並因應讀者的期望來釐定清晰的繙譯路向。「有名的譯者」遇上「有聲的讀者」，前者的筆法筆調也許較能揮灑自如，後者的閱讀體驗也許較能暢達痛快。

為了給予《痕/迹》這個譯本展現自己獨特的生命的機會，本來潛隱在文字底下的譯者只好暫浮字面稍作介紹，跟讀者來個蜻蜓點水式的交流。《痕/迹》所依據的奧登譯本，是一部深奧晦澀的書，內容盡是哲思雋語，體裁豐富多元，文字精妙錘煉，風格情理交融，意境清逸高遠。譯者相信《痕/迹》的讀者期望探究的，是作者韓瑪紹的心路歷程，因此在繙譯的過程中，極力避免加入主觀的理解，舉凡原文含糊難懂的地方，譯者都盡量保留其含混性，以免扼殺了讀者想像和詮釋的空間。此外，鑑於形式和內容不能分割，譯文為免簡化原文的多重語義，嘗試盡量活用中國語言文字句構靈活、意象豐富的特色，務求塑造同樣幽邃曠寂、清洌深湛的空靈語境。

奧登譯本有好些含隱的聖經文字，並無列明出處，卻滲透在韓瑪紹的思維中，熟悉英文聖經的讀者看後，必然有種似曾相識、呼之欲出的感覺。這些含隱的經文正好反映了聖經在韓瑪紹思想中的位置；為了重現經文如何在韓瑪紹觀照生命的過程中跟他個人的思想結合起來，譯者以同樣的處理手法，把《和合本》的經文以含隱的方式加插在譯本的內容中。整體來説，雖然中西文化有極大差異，猶幸《痕 / 迹》一書的內容多屬超越時空界限的深層省思，譯者毋用躑躅在本色化與陌生化的恆常矛盾中，得以全力集中在詩意文字的重塑、理性思維的重構、繁複句構的重組，以及如何把潛伏在冷峻省思下的蒼鬱悲情重現在譯本當中。

奧登的英語譯本偶爾加插了拉丁文、法文、西班牙文，為了映照韓瑪紹聯合國祕書長的身分，《痕 / 迹》也盡量保留這些外來文字，採取用註腳來闡釋語義的做法。就這一點，譯者不得不特此鳴謝學問淵博、精通多國語言的黃國彬教授在百務纏身下仍拔刀相助，俠義之情，路人皆見。黃教授不獨把其他外語繙成英語，還中英對照地閱讀了《痕 / 迹》的英、漢譯本；不僅提供了寶貴的意見，還撰寫了一篇妙趣橫生的序。名為序言，實是一篇博古通今、精闢雋永的評析文章，內裏滿溢著文字的藝術和譯學的智慧。這無疑提供了多向的賞析角度，把《痕/迹》的讀者帶到「一片片廣袤的原野」、「一處處巍峨的高地」上。也許在黃教授雙鬢早生的華髮中，有幾根是《痕/迹》遺下的痕迹。

《痕/迹》能擁有一個如斯後現代的書名，也必須鳴謝向來飛天遁地的鄧紹光博士在某日乘雲氣御飛龍時掠過浮塵，留下尚待冥化的痕迹。鄧博士〈關於痕/迹〉一文，思域浩淼詭譎，層次縱深縹緲，叫讀者彷彿懸浮在峭壁頂峯的雲層深處，「曠然與變化為體」。譯者在繙譯過程中雖然不敢怠慢，然而，吾繙譯功夫有涯，而原文信息無涯，以有涯隨無涯，殆已，已而為完滿者，殆而已矣。繙譯是傳遞意思的過程，意思是怎也不會完結的，幾千年來人類的思想輾轉相傳，一個譯本在某個時空說著某些話，其內容思想卻絕不會鎖死在該書的文字框架中。擁有多個譯本的作品，書的內容就能獲得多次重生的機會，人的思緒感情就能通過不同的演繹激盪開去。但願這個譯本和蘇恩佩前輩的遺作《痕》，都能成為讀者通往韓瑪紹偉大的心靈的橋梁，也願各式各樣的橋在未來的日子不斷築起，連綿無間。

二〇〇〇年三月十四日

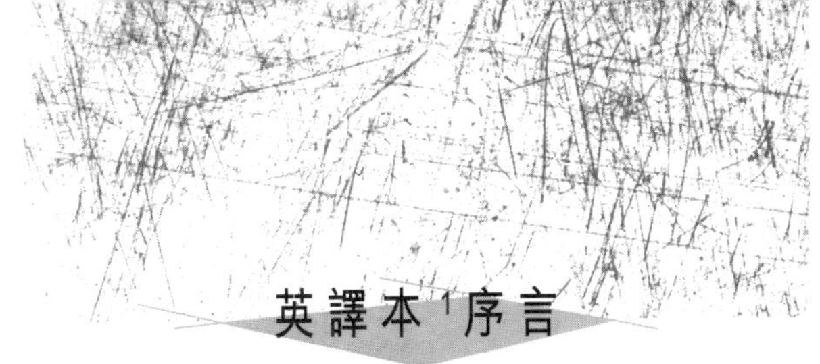

英譯本[1]序言

奧登(W. H. Auden)

對於性格平衡協調的人，宗教確是榮耀的冠冕；不過，在今生來說，他們即使沒有宗教，也能成長茁壯。然而，對於性格偏執失衡的人，就算是在今生，也必須依靠宗教，才能達致成功。

——阿克頓(Lord Acton)

《痕 / 迹》的讀者也許會感到詫異，為甚麼這本書遺漏了如斯重要的資料——韓瑪紹竟然從沒有直接提及他作為國際公僕的生涯，也絲毫沒有談論他遇到的人或他扮演著重要角色的歷史事件——但是，如果讀者是因為書中的內容而感到驚訝，那麼他們一定尚未讀過韓瑪紹寫給愛德華・默羅(Edward Murrow)的電台節目的信條。這是他當上聯合國祕書長後不久寫下的。

[1] 本書是依據舍貝里(Leif Sjoberg)和奧登(W. H. Auden)從瑞典文繙成英文的譯本(NT: Ballantine Books, 1983)。

從我父親家族世代以來的從軍或從官的服務傳統，我繼承了一個信念：沒有生命比無私的服務國家或人群更有價值。這是一種必須犧牲一切個人利益的奉獻，我們也必須敢於為自己的信念站立人前，矢志不渝。

從我母親家族的學者及牧者脈絡，我繼承了一個信念——一種對福音非常激進的理解：所有人都是平等的，都是神的兒女，我們都應該把別人看成自己的主人。

信心就是心和靈魂的一種狀態……宗教的語言是展示人類基本的屬靈經驗的公式。那些能與我們的感官相通，能用邏輯的工具加以剖析的現實，並不是只能藉著哲學來界定和描述。我對於這些話的含義，後知後覺。到我了解到箇中真諦時，才確認多年來朝夕與共的信念，是真正屬於自己的，是自由意志的選擇——就是那些給我生命方向的信念；儘管我的理智還在質疑它們是否真確……人如何能既積極參與社會服務，又熱誠投入屬靈羣體的生活，而不失和諧協調？中世紀偉大的神祕主義者的作品啟發了我。對他們來說，「自我降服」就是通往自我認識的途徑；那些「專心致志」而「走內程」的人，就有能力對鄰舍基於需要而發出的要求說「是」；也能對命中註定的每一個安排說「是」……對他們來說，愛這個常被誤用和錯誤詮釋的字，純粹是力量的傾瀉；他們活在真正的忘我境界時，感到自身所充滿的，就是這種力量。當我們毫不猶豫地完成責任，毫不保留地接受生命，不管它帶來的是福是禍，是艱辛、痛苦還是喜樂，這種愛就自然流露出來了。

在《痕/迹》一書中，韓瑪紹記下了他的心路歷程：他逐漸明白到對鄰舍和命運說「是」的真義，以及當中深遠的含義；也逐漸領略到何謂人生的顛沛流離、憂患悽苦，以及從肉體、俗世、魔鬼而來的各樣試探。這一切都使他難以實踐真道，就跟我們每個人的景況一樣。

假如出版這本札記的權責屬於我，我極傾向刪去那封寫給萊夫．貝爾弗拉格(Leif Belfrage)的信，原因是信中有一句話看來既不真確，又含有誤導成分：

這些札記提供了惟一真實的「寫照」。

即使這本書如博斯韋爾(Boswell)或盧騷(Rousseau)或吉德(Gide)等的「懺悔錄」一般的全面和仔細，上述的話也是失實的。沒有人能正確勾勒自己的「輪廓」，正如索羅(Thoreau)所說：「要審視自己非常困難，就像要不轉身就回頭一樣難以辦到。」事實上，我們的朋友——與敵人——往往更認識我們。當然，我們可在他們對我們的描繪上，添加一些只有我們自己才能作出的修正，而那些修正一般來說都是跟我們的脆弱和軟弱有關的。

例如，不由分說，我們往往自以為較其他人敏感，因為倘使與人相處時對別人的感受反應遲緩，自己也不可能即時察覺得到：有意識的不敏感是自相矛盾的。

此外，我們會認為日常接觸到的大部分人，性格都較自己剛強，這種想法是很難避免的。人不能觀察別人決策的過程；只知道他們做了甚麼、有甚麼表現。只要他們沒有犯罪的行徑，沒有表面惡毒的行為，工作表現又合理地有效率，就會給其他人剛強的形象。相反地，沒有人在撫心自問時仍會認為自己性格堅強，因為人即使能排除萬難，也必然察覺到伴隨著每一個決定的疑慮與誘惑。除非我們是騙子，或者生活亂七八糟，否則必會認同切薩雷・帕韋西(Cesare Pavese)獨到的觀察：「我們全都能幹出好事情，卻很少能想出好念頭。」

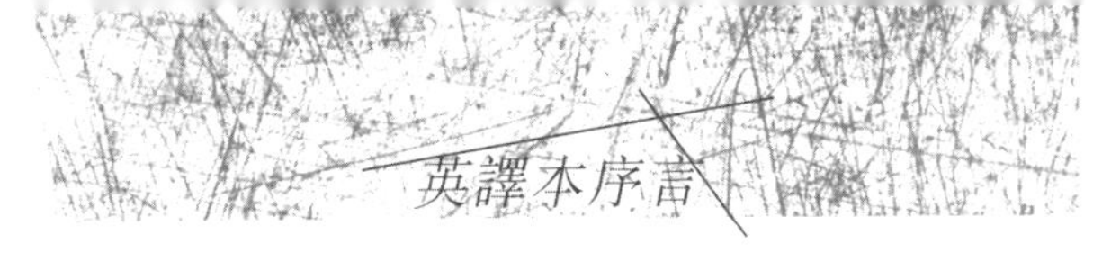

英譯本序言

閱讀《痕 / 迹》，假如沒有時刻為意它的作者是一位享負「世俗」盛名的傑出人物，就不免錯失了滲透書中那份憂鬱與「脱俗」的涵蘊。因此，單單閱讀《痕 / 迹》實在難窺全豹，必須參看韓瑪紹的其他作品，例如由前聯合國出版部主任懷爾德．富特(Wilder Foote)輯錄的演説集《和平使僕》(*Servant of Peace*)(Harper & Row, 1962)，或其他人對他的評述文章，才不致以偏概全。

富特就這樣説過：

> 他對生命與人際關係抱有純正而堅固的信念與理想，這些理念不斷支持他，啟發他。他不僅言行一致，還在那些觀念裏加入了自己精湛的思想、系統的分析、務實的精神、敏鋭的觀察。因此他頭腦嚴謹，能迅捷地理解和重組信息。他常常抓緊現實，對他來説，一廂情願的想法、膚淺的樂觀精神，與憤世嫉俗的態度、謀求私利的念頭，同樣叫人失望沮喪。
>
> 他策劃與執行一切事務時，都極度謹慎，並且能以冷靜的態度，接受並了解包括他自己在內的人類的限制，以及他必須面對的現實的殘酷。與此同時，他的勇氣就像中世紀神祕主

義者一樣，那就是他談到信仰時所提及的……這份勇氣，再加上他與生俱來的那種精神與肉體的能耐，使他就算身處危機時期，仍能夜以繼日地每天工作十八至二十小時。

丹麥外交家艾文德·巴特爾(Eyvind Bartels)寫過一篇《痕/迹》的書評，文章雖然充斥批判的觀點，卻明證了韓瑪紹確有先見之明：

戰後不久，我在丹麥與瑞典兩國政府舉行的一次會議中，首次碰到韓瑪紹。他那些在瑞典政府工作的朋友稱他為一代奇才，我們的印象也是這樣。在一次長篇演說中，他論到經濟政策問題跟美國的關係，那對於我們羣活在比瑞典較無情的世界的人來說，內容像是遙不可及的。可是，現在回想起來，我們發現韓瑪紹確有洞見，他指出的經濟政治問題後來成為了整個大西洋爭論的焦點。

我第二次碰到他是在一九四七年的巴黎。在討論馬歇爾計劃的過程中，他把「金元援助」的問題擱在一旁，認為那是較次要的，反而指出新的合作關係帶來的國家主權問題，才是問題的核心。那時候，他的觀點對我們來說似乎

> 太理論化了。可是，現在回想起來，韓瑪紹果然高瞻遠矚，原來他早已意識到一個在今天還討論不休卻苦無對策的歐洲問題。

韓瑪紹在烏普薩拉給他的一個學生埃克勒夫(P. O. Ekelöf)的印象，若拿來跟他的日記對照，尤其有趣。他曾跟這個學生在拉普蘭露營。

> 他的責任感與勤奮並沒有把他壓得透不過氣來。相反地，他像是性格開朗的人……除了滿有睿智、責任心、理想主義者的熱誠外，年輕的韓瑪紹還散發著一股孩童的淘氣。
>
> (*Ergo International*, Uppsala, 1963)

我個人的見證並不重要，但也想跟讀者分享一下。我們見面的次數不多，而且不過是匆匆一聚，但是我打從第一刻開始就喜歡他。他對詩的認識與欣賞——那是我惟一有能力判別他的才情的範圍——確是非凡。説來也許略帶狂妄，我確切感到我們兩人惺惺相惜，在閒談間交流著無言的默契。他在日記裏留下的那份孤寂與宗教關注，我是感受得到的。其實，在繙譯他的作品時，只有兩件事教我真正感到驚訝；那就是他對聖公會的詩篇譯本的熟悉，以及對俳句格律的酷愛。

說到他較早年寫的札記，我們會問：「那是甚麼時候寫成的？」在一九五三年前，沒有一條有標明確實的日子。在瑞典語版本，四頁是納入一九二五至一九三〇年間；五頁是寫於一九四一至一九四二年間；十三頁是寫在一九四五至一九四九年間。其後的條目都是逐年歸類。一九五六年十二月，韓瑪紹在他的札記中這樣說：

> 這些札記？—— 它們正是你的人生到達某一點時你開始豎立的路標；那時候，你需要這些定位點來惕勵自己。

他在一九六一年聖靈降臨節所指向的，大概就是這個「定位點」。

> 但是在某時刻我的確對某人—— 或某事——說了**是的**，而從那一刻開始，我就確認存在是有意義的。因此，我的生命也在自我降服的過程中有了目標。

無論他在甚麼時候到達這個定位點，那一定不會早於一九五二年，因為他在札記寫著：

我的要求多麼荒謬：我要求人生有意義。
我的追求多麼渺茫：我追求自己的生命有意義。

從這三則札記的字面意義看，整部書應該是在一九五二年那條札記後方輯錄成書的，然而，這似乎絕不可能。況且，不管我們怎樣詮釋這本書，也難以相信許多寫於早年的札記（即我們手頭的版本），跟它們描述的歷史事件或經驗屬同期產物。我認為最有根據的推測應該是：韓瑪紹把類似日記的東西收藏了好一段時間，直至在生命的某一個重要時刻，他說了「是」；就在此刻之後，他重新審閱日記，刪減了很多枝節，重寫了不少條目，或許還加上一些全新的條目。

比方說，這部作品以詩開首，也以詩作結，兩首詩都展現了一幅道德風情畫，很難相信這純屬巧合。此外，在開首的詩歌中，韓瑪紹是這樣描述一個人的：

準備就緒，隨時匯集一切，
獻上一個簡單的祭。

我簡直不能相信，一個年屆二十的青年，思想竟與三十年後的他無異。我甚至有點懷疑一九四九年最後的一則札記是否寫於那一年：

菲利皮(O Caesarea Philippi)說：接受對真道的責難，把它視作真道的實現、定義；在選擇和實踐真道時都接受它。

毫無疑問，有些人會把這種回顧式的修改（假使確有其事）批判為不誠實的做法。這些批評其實有欠公允。我敢肯定，每個人（連我在內）都有類似的體驗，就是人對自己或人生意義的「發現」，從來都不像科學的發現一般，霎時間會碰上嶄新的東西，而不帶半點疑惑。所謂人生的發現，乃是對一些我們早已認識的事物有一種自覺的認知，因為我們以往不願意或不能確切地加以表達，所以以為自己茫然不知。如果我們想重寫較年輕時擲下的一字一句，那是由於我們感到那些字句不僅在今天並不真確，而且在過去撰寫時也不真確：事實上，我們往往不願意或無從表達自己真正的體驗。除了純感官經驗外，「我信，以至我能了解」的格言是適用於人生的各種體驗的。

在外人的眼中，韓瑪紹平步青雲，事業一帆風順。他讀大學時成績斐然。結束了短促的教學生涯後，他進入了政府機構工作。三十一歲時出任財政部副部長。三十六歲成為瑞典國家銀行的主席。在外人眼中，他的生命除了標誌著天賦與勤懇為他贏取的成功外，還反映了他是一個非常幸運的人。他從未嘗過貧窮的滋味；他的體魄健壯；他作為中立國的公民，逃過了戰後大部分歐洲人經歷的困乏、痛苦、恐慌。在風光的外表背後，他的心靈——也許部分由於這種種優勢影響——卻極度貧乏。《痕 / 迹》一書開首部分描繪的那位富進取心的青年圖象，正好展示了一種「不平衡協調」的性格——一種太容易會感到遭逢不幸的性格。

韓瑪紹一方面擁有一個異常雄心勃勃的「超我」——我懷疑這是他父親給他的無形壓力塑造出來的——要求他在工作和人格上都要出類拔萃；另一方面，他卻擁有一個荏弱的「自我」，「肉體的一根刺」使他確信他永不能冀望可經歷所謂塵世的兩大美事：熾烈的戀愛與美滿的婚姻。於是，他感到自己微不足道。影響所及，他似乎把源源不絕的友情與同情低估了，甚至質疑它們是否真實。在兩句尖刻的警句中，他指出那喀索斯(Narcissus)並不是虛榮的受害人；認為他由於以反抗的姿態來回應自己的卑微，於是落得如此命運。

此外，我認為韓瑪紹雖然才情橫溢，卻不是天才，即是說，他並不是擁有獨一無二超乎常人的稟賦，也沒有特別酷愛某一種活動；管它是詩歌也好、物理或鳥類研究也好。天生異稟的人往往能在人生的較早階段就決定了自己在世上的功能。

縱使韓瑪紹是出色的經濟專家，我卻不以為他的同儕會把他視作這方面的天才，如凱恩斯(Keynes)一樣。天才是凡人中最幸運的人，因為他們必須做的，正正是他們最渴想做的。即使他們的天分在有生之年不被承認，塵世的回報總是屬於他們的：他們可以確定自己的作品是一流的，會經得起時間的考驗。這不禁叫人懷疑天國中天才的數目最少——因為他們已盡得塵世的回報了。

擁有天賦，卻不懂運用；胸懷大志，卻自感卑微——這是最危險的組合，極可能會導致精神崩潰或自我了斷。《痕/迹》較早年的札記顯示，韓瑪紹對自殺的念頭並不陌生。他曾描述兩宗真實的自殺事件，那大概是他親眼目睹的，叫他看得入迷。他遇上車禍後，告訴我們他失去知覺前的想法竟是一個快樂的念頭：「嗯，我已做完了我的事。」[2]到了一九五二年，他對自殺的誘惑直言不諱：

> 噢！**那就是**你意圖克服孤寂的方法——藉著一次最後的逃亡，告別生命。不！死亡或許是你獻給生命最終的禮物：卻絕不能淪為你對生命的背叛。

[2] 奧登後來得悉這次意外是發生在別人身上的。

早在他找到解決方法前，韓瑪紹已清楚知道問題在哪裏——如果他不是活在召喚之下，就必須學習忘我，尋找一個讓他可以忘我的召喚——他也知道那是超出自己能力範圍的。他由對自己的失望轉而為對神的信靠，過程十分緩慢，時有阻滯。兩個想法佔據了他的思想。其一，他相信人除非能夠學習忘卻自我，充當神的器皿，否則必不能恰如其分地承擔今生的召命。其二，他知道他個人被召要走的是朝向十字架的苦路，即是要面對人生的痛苦、世間的羞辱、肉體生命的犧牲。

兩個想法其實都十分危險。人如果說「不是我，乃是神在我裏面」，往往有危機會幻想自己**是**神。有些人正是批評韓瑪紹帶有這種妄自尊大的傾向，並引他的日記加以論證：

> 如果你失敗，責任就推到神身上；多虧你出賣了祂，祂因而有負於人類了。你滿以為自己能**向**神負責：你能**為**神擔此重任嗎？

這個指摘，我們不能從韓瑪紹說過或寫過的話加以反證，因為謙卑和自大都說著同樣的語言，兩者不過一線之差而已。

不過，「憑著他們的果子，就可以認出他們來。」自以為神的人未必意識到自己的景況，但他的行為很快就會把這種想法表露無遺，以至人人皆見。舉例來說，這樣的人會有一個輕微的徵狀：除非別人說中聽的話，否則就拒絕聆聽或忍受其他人的存在。不久，他就會患上妄想狂，對所有人疑神疑鬼，又憤世嫉俗地鄙視他們。倘使這是韓瑪紹的寫照，那些曾與他共事或有交往的人必定會記錄下來。然而，事實上，他在祕書處的親密同事全都稱讚他擅於聆聽，對別人所想所說，有超乎常人的耐性。即使俄國人就剛果問題強烈地抨擊他，指他為兇手，也不過把他批評為帝國主義的執行者，而不是為謀求一己私利而自封的獨裁者。

肉體犧牲的念頭，似乎在他的腦海苦纏不休，這一點也許叫他顯得稍為脆弱。不過，他充分意識到自己天性中隱含著自虐的成分：

> 通往峯頂的刃嶺分隔了兩個深淵：一個是著上享樂色彩的死亡意願（當中也許不無自戀式受虐狂成分）；另一個是動物從肉體求生本能而來的恐懼。

我不敢肯定這有否誇大或在某程度上扭曲了他在這個問題上的看法。我在想：「他對自己的終局究竟有甚麼憧憬？難道他期待自己像貝納多特(Count Bernadotte)一樣被行刺？或者是被狂怒的聯合國大會以私刑處死？又或者是因工作過勞而死於心臟病發？」我們都知道，他是在公幹途中遇難的，可是我們很難把空難看成韓瑪紹描述的「犧牲行動」。無論我們是否委身信仰，都有可能遇上空難呢！

然而，我並不認為他誇大了自己作為祕書長的生涯（當中有刺激有歡樂有滿足感），他帶著感恩的心把這種生涯形容為通往各各他的苦路。有一次，他笑言聯合國的祕書長仿如塵世的教皇，皇位不過是孤單的權位。作為國際機構的領袖，祕書長對人絕對要一視同仁，不能偏袒任何一方，否則會引起諸多揣測，惹來徇私之嫌。他平日沒有時間與私人圈子的朋友相聚。韓瑪紹除了要忍受精神上孤寂的痛苦，要放下那個「把他塑造成如今模樣的世界」外，還必須忍受更大的折磨——恆常的精神緊張與超時工作帶來的肉體之苦；這畢竟是他極度認真勤奮的後遺症。倘若讀者繙看一九五三至一九五七年間的手札，發現作者反覆提及自己的誠摯，絮絮不休，因而感到不耐煩——我得承認我有時也是這樣——請記著：大部分的內容都是由一個心力交瘁的人執筆的。我們難以期望一個持續多個星期每天都只睡四、五小時的人，妙筆生輝，變化多端，行文間處處兼顧風格上的優美。請讀者記住：札記的作者是刻意滅絕工作上一切的私欲，全心全意只求榮神益人；於是他連僅有的、可減輕長期的勞苦的「肉體」上的慰藉——如名利的前景——也徹底捨棄了。正如薇依(Simone Weil)所說：

> 要忍受同樣的苦楚，抱有崇高目標者會感到較為吃力。有些人可以為了一隻鷄蛋，由早上一時站到八時，動也不動，卻難以為了救一條人命而做出同樣的事情。

最後，我不認為懷有像韓瑪紹這種氣質的人，最「自然」的工作環境，就是政治場景。他接受的是公務員的訓練，即是說，工作的責任是去執行而不是製訂政策。他可以根據自己的經驗或信念對某些政策提出建議，但職責上是由部門首長去作出決定，然後由他來執行。換句話說，他雖然從事公共事務，卻沒有進入惹起公眾爭議的政治舞台。聯合國祕書長原本該屬於國際的公僕；可是，一旦世界的組織趨於政治化，而很多主權國又各行其是、互執一詞，祕書長一職就無可避免地沾上了政治的色彩。在不少的場合裏，韓瑪紹發現自己須要作出政治的決定，一來是由於他受命這樣做，二來是由於大國之間的政治僵局使他別無

選擇。在這樣的歷史處境下，身為祕書長，何謂保持「中立」？韓瑪紹自己說的話就是最佳的闡釋。

> 要保持中立，不等於對事情既不寄予同情，也不產生厭惡，排除一切較接近自己的個人利益，泯滅一切自己重視的想法或理念。所謂中立，就是要充分地察覺到那些人性的反應，要謹小慎微地加以省察，好叫那些反應不會左右自己的行動。這沒有甚麼獨特之處，法官豈不是要遵從這樣的專業守則嗎？……
>
> 歸根結底，這是誠實正直的問題。假如一個人誠實正直，忠於法律，忠於真理，因而陷入一些難堪的處境，與這個或那個利益有所衝突；那麼，衝突本身正是中立的記號，顯示他堅守了而不是喪失了中立的立場——而這正突顯了他是履行了國際公僕的職責，而不是玩忽了國際公僕的職守。
>
> （牛津大學住校高級職員全體會議的演詞，一九六一年五月三十日）

當然，這種因要保持中立而面對的衝突是逃躲不了的。

政治人物身處的是備受爭議的公眾舞台。要在這個舞台上來去自如，必須厚著臉皮，無懼各種尖銳甚至惡毒的批評。這部書給我們的印象卻是，韓瑪紹不獨不能培養出這種厚顏的特性，而且他的臉皮比大部分人還薄。他似乎對各種批評都感受深刻，即使那些批評明顯是來自黨派或國家利益，他都左思右想，惟恐自己誠信不足。若然他牽涉入極具爭議性的政治問題，這份敏感一定叫他寢食不安！

韓瑪紹在他生命的最後三年開始寫詩，這叫我感到欣喜萬分，因為依我看來，他終於享有多年來祈求的平靜心境。一個人如果能全神貫注地數算音節，要末他還沒有尋求靈性的突破，要末他已越過了嚴峻的考驗。

從純美學的角度看，這部札記的水準頗為參差。韓瑪紹似乎是一個業餘的作家，寫作只是偶爾即興的事。換句話說，韓瑪紹撰寫的個人經歷、感受、迷惘、自我譴責，內容往往趣味盎然；可是，當他試圖綜述屬靈生命的特質，或概談自我的虛無狀態時，內容則似曾相識，我們彷彿看見埃克哈特(Meister Eckhart)、十架約翰(St. John of the Cross)、《未知之雲》(*The Cloud of Unknowing*)、茱莉安(Juliana of Norwich)的影子。對於普遍的問題，他並不像當代一些作家如薇依或查爾斯．威廉斯(Charles Williams)等見解精闢。

英譯本序言

《痕 / 迹》這本書原本不是叫讀者把它純粹看成文學作品的。它本身也是十分重要的歷史文獻，記錄了一個專業的活動家，試圖在生命中把行動與默觀巧妙結合起來的努力——而我想不起第二個這樣的人。大多數著名的神秘主義者都是不同默觀陣營的成員：他們或許會不時給世俗或屬靈的領袖提意見，卻從不認為自己的職責或功能是提供意見或參與世界事務的。

雖然，也有一些在教會位高權重的人，如蘭斯洛特．安德魯斯(Lancelot Andrewes)，留下了敬虔的個人生命的記錄，不過他們的活動範圍是教堂，而不是世俗的圈子。毫無疑問，篤信神秘主義的修士或修女也好，虔誠的主教也好，都會對以下的説話感到震驚：

在我們的年代，成聖之路必須途經行動的世界。

有關神秘主義者的記載顯示，默觀生命面對的最大試探（這些神秘主義者經過好一段時間才能降服自我，進入默觀的生命），就是不同形式的寧靜主義——對傳統所謂的善行，以及一切人類生活的建制與智慧，感到冷漠和厭煩。作為專業的公務員、複雜機構的頭目、經濟專家，韓瑪紹因為積極從事公共職事，所以免除了這種誘惑。他面對的，只是一般「世俗」的試探；由於這些誘惑較易辨認，也就沒那麼危險。在他個人的宗教生命層次，我則不能肯定他能否逃過這種試探。懷特海(Whitehead)教授是一位智者，卻曾說過這樣愚昧的話：「宗教只是人在孤寂中的活動。」在《痕/迹》一書中，韓瑪紹的宗教似乎過於孤獨和私人化。對於一些基督的訓誨，他十分明白，也努力遵行，諸如：「你施捨的時候，不要叫左手知道右手所作的」；「你們禁食的時候，要梳頭洗臉，不要叫人看出你禁食來」。不過，他似乎沒有深入鑽研這個囑咐：「若是你們中間有兩個人在地上，同心合意的求甚麼事，我在天上的父，必為他們成全。」他也許對教義的公式化表述感到厭煩：教理神學有如文法，只有專家才不感厭倦；又如文法的規則，是不能摒棄的必需品。他沒有參與教會的禮儀與敬拜，這可能是刻意的自我犧牲，因為作為祕書長，他或許會感到公開投入一個特定的基督教羣體會招來「西化」的標籤。然而，在他的日記中，卻找不到他渴求參與的蛛絲馬迹。無論如何，我為他感到難過，因為正正是他這類內向理智型的人，最需要聖禮的操練和滋潤。

回顧整部著作，上述的疑慮簡直微不足道。瑕不掩瑜。讀畢全書後，讀者必然深深慶幸自己竟能觸碰到一顆偉大、善良、可愛的心靈！

Only the hand that erases
can write the true thing

MEISTER ECKHART

痕迹

第二部

1925 ~ 1930

就是這樣

我受驅策往前走，
進入了不知名的地帶。
路徑愈見陡峻，
空氣愈感寒峭。
從我不知名的目標撲來的風，
吹撥
期望的弦線。

還是老問題：
到達可有期？
在那裏，生命回盪著，
一顆清脆澄瑩的音符
在靜穆中。

微笑著，真摯的、不朽的——
他的軀殼訓練有素而靈活柔軟。
一個人，已成為他所能成為的人，
而他就是他——
準備就緒，隨時匯集一切，
獻上一個簡單的祭。

※

明天我們會見面
死亡與我——
它會把利劍刺戳在
一個異常清醒者的胸膛

但這一刻悲從中來，回眸看
點滴消逝的時光。

美：是一顆飄過時叫心弦顫抖的音符；
是在日光下澄明的肌膚裏，
流動的血液透射出來的星輝。

　　美：是一縷給旅客消暑解疲的清風；
而不是乞丐忙於掘金的黑暗平峒裏，
叫人窒悶的熱氣。

※

走下一步時，不要低頭揣度地的平坦：惟有注目遠方的水平線，才會找到正確的路徑。

※

生命只會聽從征服者的差使。能夠藉著屈服而取得的好處，不要接受。否則，你就是靠賊贓偷生，你的肌肉也會萎靡不振。

※

未登峯頂，勿揣度山的巍峨。登峯造極，方知山的矮小。

※

有時候他說：「你起碼比別人好。」更多時候他說：「為甚麼你該比別人好？要不是你已是你能夠成為的人，要不是你不是——跟別人無異。」

※

你要嘗試的——活出真正的自己。你要祈求的——成為一面鏡子，自己的心靈愈是純淨，就愈能映照生命的偉大。

※

靜默的氣氛，籠罩著每一個行動、每一段關係。友誼不需要言語——它是從孤寂的折磨中解放出來的獨孤境界。

※

如果你的目標並不是來自你內心深處最潛藏的悲愴，即使勝利了也徒添哀傷，因為這只會叫你意識到自己的軟弱。

※

生命只要求你付上你擁有的力量。你惟一能做到的——不要臨陣退縮。

※

不容置疑，你必須用鈍劍來打劍擊：然而，在孤單的昨天，你豈不是曾掠過在劍尖塗毒的念頭？

※

因果報應，在我們身上往復循環：昨天的自我陶醉，正好衍生了今天的內疚自責。

※

他遇到挫折，不自傷自憐；碰上成功，不自戀自慕；只要他知道自己已付上最後的一文錢，別人的評價又何足掛齒。

法利賽人的表現？主啊！祢知道他從來都不會自以為義的。

1941 ~ 1942

人到中年

他站得筆挺，像一個木陀螺一樣——只要鞭不要停止抽打。他外表謙遜——全賴頑強的信念，堅信自己卓絕優越。他野心不大——只求生活了無牽掛，而別人的失敗比他自己的成功，更能帶給他快慰。為了苟存性命，他從不冒險——卻埋怨遭別人誤解。

※

「不幸之隊伍」。為甚麼我們常常認為這是指「其他人」？

※

你這種人類動物的渴求，不會單單是因為你請求垂聽的對象是神，就會轉化成向上主的禱求。

※

你整天竭力抓住別人的注意力，換來的是喧鬧過後的一大片空無，這豈不是你該得的報酬？

※

賦予生命價值的東西，你既可以尋得——也可以失去；卻永不可以擁有。「生命的真諦」，更是如此。

※

你怎可期望你的聽力保持良好，要是你永不願聆聽？你似乎認為神必定預留時間給你乃理所當然的事，就正如你不能抽出時間給祂一樣的理所當然。

※

屋子空著的時候，魔鬼不請自來。至於其他類型的訪客，你得先把大門打開。

※

「視乎我的情況。」* 在這種標記下生活的人，就是等於不惜付上寂寞的代價，去換取真道的知識。

在潮濕熾熱的濃密森林裏，展開了一場爭奪榮譽、權勢、利益的戰事，出路只有一條——逃離你自己設下的陷阱和路障。即是說——接受死亡。

※

你愈是仔細傾聽內心世界的聲音，就愈能察聽外面世界的聲響。只有懂得聆聽的人才能夠說話。難道這就是融合你兩大夢想的起始點——能用澄明的心，觀照生命；能以純淨的靈，塑造生命。

※

---

* 根據奧登的註釋，這句話是瑞典作家埃克隆(Vilhelm Ekelund)的格言；韓瑪紹深受他的作品影響。

開放生命，讓你可以閃電般洞悉其他人的生活處境。有甚麼事情是必要的？——跟你的問題拚搏，直至不安的感受蛻變成理智的剖析——然後按理智行事。

※

我們的心隱隱作痛，因為看見一個人把靈魂孤注一擲，全投放在某個目標上，他身邊的每個人都即時察覺他的行徑是何等錯謬和徒然，而他卻懵然不知！這究竟是不是認知程度有所不同而已？人類存在的悲哀壯麗，是不是有點跟世界永恆的不平衡掛鈎？自欺是不是人生不可或缺的，好使人在熱切追尋與徒勞無功之間取得平衡？這樣看來，我們每一個人都這樣重視自己，似乎不是**純屬**荒謬。

※

他料理一個花園，在毫不知情下，他的職權已替他劃下了花園的範圍。一方面，他為著自己料理得當而驕傲；另一方面，他又對園外的事物一無所知，因而變得有點兒固執己見。相反地，另一個人由於不能這樣欺騙自己，寧願銳意擴充園子的領土。前者的作風，難道較後者那種叫人略感厭煩的可鄙行徑糟糕？

※

「……卻沒有愛。」我們對鄰舍盡上責任時，是不是出自我們最深切的渴望？大概是吧。無論如何，何苦為了傷害他人而折磨自己？

※

人家稱讚你，你感到嘔心——然而，人家不懂賞識你，他就麻煩纏身了。

※

窄路——為他人而活，以拯救自己的靈魂。
闊路——為他人而活，以挽救自己的自尊。

※

唉！我們就這樣相信，不幸的降臨是由於遭逢不幸的人犯了錯誤導致；相信這個錯誤早晚會鑄成罪行，除非他對自己的命運保持緘默。

※

要跟內心的獸性嬉戲，你不得不變成徹頭徹尾的野獸；要弄虛作假，你不得不摒棄對真理的認知權利；要與殘酷交手，你不得不扔掉心靈的敏銳感應。要保持園子整潔的人，不會留下少許空地，容讓雜草蓬生。

※

倘使你不說人家壞話較說的時候多，當然不等於你沒有這種欲望。你知道惟有小心翼翼地配製分量，惡毒的念頭才有自由活動的空間。

※

你是自己的神——一旦發現狼羣越過寒冬荒蕪的雪地來捕獵你時，你感到驚訝不已。

※

「願人都尊你的名為聖。」你的全副精力理應投射在一道劃破黑暗的光束時，你卻容讓它消散在青苔的火堆中；火中沒有甚麼遭燒毀，但**一切**的生機就此熄滅了。

※

在你身邊的一切都變得靜默無聲的當兒，你卻瑟縮於恐懼中——看吧，你的工作變成你對痛苦和責任的逃避；你的無私只是你受虐狂的輕微掩飾。聽吧，在你心靈顫動著的，是大草原野狼殘暴不仁的嗥叫——不要再次企圖徵集狩獵用的吶喊和獵號來麻醉自己；相反地，要堅定不移地定睛在前方的視野，直至你望見它的底線為止。

※

在人生的書架上，神是一部有用的參考書，時刻在手邊，卻甚少被查閱。在生命誕生這個塵垢滌盡的時刻，祂是歡欣的源頭，又是送爽的涼風，只是來得太急，回憶未及捕足。然而，當我們逼於無奈正視自己的時候，祂就在我們面前升起（真實的情景叫人膽顫心驚），超過一切辯論、「感覺」；勝過一切自衞式的失憶。

※

自我認識的路徑並不途經信心。可是，只有不斷追尋存在深處稍縱即逝的亮光，攫取了對自我的認識後，才會到達某種境界，知道信心為何物。多少人曾被驅逐到黑暗的外在世界去，皆因他們空談信心是可以用理性了解、是「真實」的東西。

※

我們內心深處富有創造力的意志，使我們可以勘探其他人同樣的意志，經歷它們的共同普遍性；正是這種直覺，燃點潛藏我們內心的創造力的火花，開闢了我們認識這種能力的道路。

1945~1949

新的海岸——　？

每一時刻，你都是由自己作出選擇，可是你有沒有選擇**你的**自己呢？肉體與靈魂包含千百種的可能性，你可以建立無數的**我**。然而，只有一個**我**，是選擇者與被選者最完美的結合。你永遠也不能找到這個獨一的**我**，除非你排除了人的存在和行為上各種表面和短暫的可能性；那些出於好奇、驚訝、貪婪而不太認真的表現或行徑，不僅阻撓了你體驗生存的奧祕，也攔阻了你覺察托付給你的才華——而那就是你的**我**了。

濕透的、暗啞的羊毛衣服。不以為然的眼神。疲憊的嘴。時候不早了。

在冷漠的氛圍下，業務如常進行，事情迅捷辦妥。雲石的櫃台，彷如鑲嵌了烏黑光滑的墓石，很多人還在那裏等候。

玻璃和搪瓷的表面正反映了白色斜坡無性別的光。外面漆黑一片。街門砰然一響，湧進一股簇新的潮濕，壓在飽含化學物質的乾癟空氣上。

「噢！生命，你擁抱著，溫暖、豐富、神聖的字眼！」

——海登斯坦(Verner von Heidenstam)

然後，在高腳辦公桌上的天秤後面，他抬起頭——明智、善良、一臉專注。深深的皺紋壓在灰色的肌膚上，見證了一個輕微的反諷——這是從經驗及長期在四道牆中生活積累而成的。

此地、此時——只有這是真的：
一個老人美好的臉龐，
赤裸裸的給捕捉了，在沒有防備的一刻，
沒有過去，沒有未來。

她知道情況不可能好轉，也永不會有甚麼改變。他已經失去了工作的興趣，不再有甚麼建樹。原因是，他說，他受到諸多掣肘。現在，她坐在那兒，為他的自主權禱告。她禱告因為她很想相信他是受到不公平的對待，而一旦他得到自主權後，就會重振雄風。她很想相信那是事實，好使她可以繼續對他抱有信心。她早已知道真相，但是她必須強逼自己去聆聽：在現代社會的經濟迷宮，他跟任何人一樣自由，而任何外在環境的轉變只會帶給他新的失望。處境會不斷重演，而他只會發現一切的事情跟以前的一樣。

是的，是的——而她知道的不止於此呢！她知道這樣的事情永遠也不會有出路。因為在他談論自由的背後，潛藏了一種小孩子要征服死亡的願望，以及一種對任何不屬於自己成就的工作的冷漠；尤其當他想到就是在死後多年，工作的成果都與**他**無干。——不過，她還是坐在那兒禱告。

在我們弄清事情的來龍去脈前，他已經走得很遠了。大家都束手無策。只見底流愈來愈急地把他捲離岸邊；他努力使雙腳著地，精疲力竭，徒勞無功。

驅使他要拯救自己生命的，只是一股盲目的衝動：在他的腦海中，現實早給他推得老遠的了。縱是這樣，當揭示他處境的亮光霎時間掠過，他卻告訴自己我們這羣人的處境比他更糟。那時候，大家對整件事情仍不以為然！他當然仍然緊抱這個信念，就是在最後的一刻，汩汩的漩渦把他捲入渦底，他的想法仍絲毫不變呢！

他的情況向來都是這樣的。就像小孩子依賴別人對他的愛顧一樣，他經常以為友誼理所當然是不帶批判色彩的，即使對著一些對他漠不關心或甚至是懷有敵恨的人，他也是沒有避忌的。他經常按照自己這樣的假設處世待人，不自覺地努力建立一些可能根本不存在的友誼，既對其他人的利益不時妥協，又害怕與現實衝突而致夢想粉碎。人家批評他的言語時，他否認説過那樣的話。當他不能再抵賴時，他就認為這是批評者本身心理不平衡的病徵；久而久之，「神經病」這個詞成為了他的口頭禪。

第一次發現他走得太遠，不能回頭的時候，我們的感覺其實是怎樣的？

在陰寒的日子，百無聊賴，只好在街道上閒盪一會兒——隨著人流飄盪。

徐緩地，身子有如無生命的物體般墜下，忽而靜止下來，忽而在人流匯聚之處，無精打采、從容不迫地迴旋著。緩慢——而灰沈。十一月的遲暮時分，陽光在低沈而凝冷的雲堆後消亡，日暮黃昏也沒有許下消苦或和平的承諾。

緩慢而灰沈——他搜刮著每一張臉。可是人羣都像他一樣，漫無目的地在灰濛濛的溝道上浮游——一粒粒失去了放射能的原子，構成了一條綿綿無盡卻沒有力量維繫的原子鍊。

「願人的生命可以化成光與歌。」

——埃里克・布隆貝里(Erik Blomberg)

放開那個在世人眼中背上你名字的形象，那個由你對社會的雄心或純粹是意志力在你的意識中塑造出來的形象。由它去吧，然後墮下，墮下——憑著信心與不問緣由的虔誠。轉向另一個，另一個……

敢於冒險——

在黯淡的光影下，他搜索著每一張臉，只看見自己卑劣的形象化成無窮無盡的形相。對於從不敢冒險的人，但丁(Dante)構想出來的懲罰或許也不過如此這般。——要臻至完美，我們必須經歷一個一個的「妄自菲薄」的死亡。在那邊廂，他永遠接觸不到越過這道關卡的人。

對於貝母來說，時間也許有點兒太早。五月的天空高照平原。陽光與百靈鳥的頌歌融合成清冷的狂歡。融雪期已來臨，泥褐色的河水流動著，急速而清新。

在河牀的主流，一捆黑沈沈的物體徐徐轉動。一張臉孔掠過，一聲叫喊。它用意志力一次又一次把臉擠壓到河水下面。

無雲的天空，火傘高張。百靈鳥還是唱過不停。河水突然變得污濁而冰冷——單是想到會被那個垂死掙扎的沈重物體拖落河底，已叫人想嘔。這種想吐的感覺，比起對危險的恐懼，更使人全身癱瘓。懦弱？無論如何，也得說出這個詞。

她走到河堤的盡處，然後涉足入泥水，直至河水淹沒上身，把她捲走。她卻沒有沈下。河水把她沖回。一次又一次，直至力氣全失，她張開嘴，把臉擠壓到河水裏去。這次一定不能失敗。她聽到河畔的喊叫聲。要是他們……

他們為她進行人工呼吸，袒露了她的上身。她的身子橫臥在河濱上——在不能接觸的死亡的孤寂中，超越一切人間的赤裸——她白皙而堅實的乳峯聳起，迎著陽光——一具大理石英雌裸體軀幹雕像，擱在軟草叢中。

槍聲一響，他側身倒臥在楓樹下。

在七月下旬的一個濡濕黃昏，空氣動也不動，樹葉沈重的身影濃化了暮色。他的頭側臥著，輪廓斧鑿得相當優美，只是尚欠成熟——是灰暗的沙堆上呈現的一團白，太陽穴出現了一個小洞。在死寂的光線下，只有鼻孔湧流出來的深紅血液是有顏色的。

為甚麼——？在這灘擴散著的血液之上，沒有問題可以到達你追尋的夢鄉，再也沒有字詞可以把你召回來。——那永恆的「超越」——在彼邦，死亡把你跟我們分隔了；那是一種遠在子彈射向太陽穴之前已選擇了的死亡。

那一定是九月的下旬。又或者是，我的回憶為了那個情景編造了適當的季節。

「我們兄弟姊妹在家中濟濟一堂，何等歡欣。我還記得我們聚首一堂的那些聖誕節。那時候，誰會相信生命會如此撕離——」

現在，那段説話、那把低沈的聲音重回耳邊——三十年後——她的女兒就著她的童年和生平，寫下同樣的墓志銘。

車子駛進山谷下坡最後的彎位的當兒，突然失去控制翻倒在路旁上。他惟一的思緒是：「嗯，起碼我做完了我的事。」

他惟一的、疲倦的、快樂的念頭。

事情卻不是這樣：他要繼續活下去。但不是繼續走**這次**旅程。當他神志清醒，而硬生生的世界再次在他眼前成形的一刻，他怎也不能抑止淚水——自憐和失望的淚水；因為美好的假期計劃完全遭破壞了。

一種反應不見得不及另一種反應真實。我們也許不再戀棧生命；可是生命若不賜我們美夢成真，我們仍會像小孩子般抱怨。

他是不可能這樣的。不是他不注意工作：相反，人家交給他的工作，他不辭勞苦去做。可是，他的言行舉止使他和每一個人都發生磨擦，於是阻撓了他要做的每一樣事情。

危機出現了，事情的真相必須公開了，他就把責任歸咎我們，聲稱他自己的行為沒有錯誤，絕對是無可指摘的。很明顯，他之所以那麼自視，是由於他相信自己是無辜的。我們一步一步的，把他自我辯護的矛盾剖開，在他眼前把他虛假的外衣撕破，叫他赤條條地面對自己時，我們感到自己十分冷酷無情。可是，為了對其他人公平，不得不這樣做。

當他的最後的一片衣飾給扯下時，我們感到再也無話可說了。他壓在喉嚨的嗚咽隨之而來。

「為甚麼你們從來不幫助我？從來也沒有告訴我該怎麼做？你們知道我常常感到你們針對我，恐懼和不安全的感覺把我愈推愈遠，使我走上這條路，如今備受你們責難。實在太難熬了——事事不對勁。記得有一天我感到很高興：你們其中一個說某件事情我做得好。」

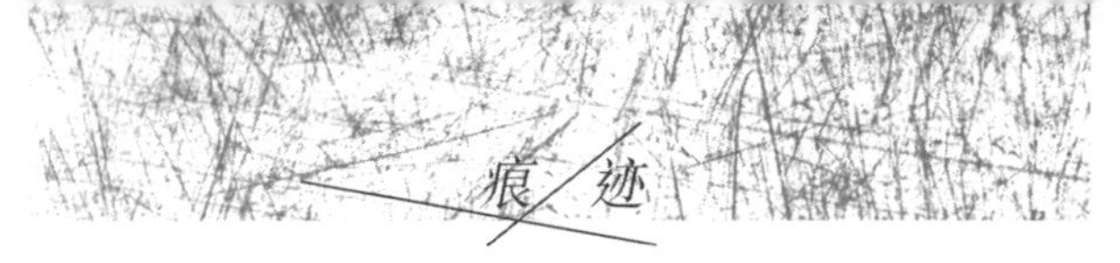

因此，到最後，我們還是該受責備。我們從來沒有把批評的話說出來，卻任由種種不滿阻止我們對他說出一字的稱許，就這樣，他失去了每一個改善的機會。

其實，往往是較強的一方該受責備。我們缺乏了對生命的忍耐。每當一個生命在我們眼中看來是失敗的實驗時，我們本能地把這個生命從責任管轄的範圍中剔除。然而，生命不斷進行實驗，遠超我們有限的判斷。這正好解釋了何以有時候活著似乎遠較死去艱難。

牠站在薄霧中，在一塊濕滑的黑石上，臀部肥大、笨重，羽毛滿布在曲線條的軀體，以及蠕動著爬行動物肌肉的頸項上。一雙無恥的琥珀色眼睛沒有別的表情，只有赤條條的貪婪。一勾黃色的嘴，強而有力，生來捕食，卻不及食肉獸嶙峋而兇殘的嘴精緻。

我一直看著牠們隨潮水浮游，競逐零碎的腐屑；看著牠們兜兜轉轉，嗅著週末後殘留在碼頭死水灘的避孕套。我記起在秋天時曾看著牠們笨重的身體在泥溝中左搖右擺——在泥土的裂縫裏笨手笨腳地搜刮蠕蟲，油滑的身影與濕轆轆的泥溝互相輝映。

看來多麼遙不可及：

在黑夜最後的一個時辰，海鷗淒厲的叫聲劃破薄而軟的寧謐。叫聲混和著牠們逐浪的歡騰、海水的鹹、海風的清。

牠輕輕的睡著——就像野獸般。睡眠中牠的感官已迎向新的一天——

只有當我走得頗近，牠才拍動一下懶洋洋的翅膀，把軀體移出數碼，推往一旁——一隻不乏營養滋潤的食肉鳥，多麼自在地與我們和平共處呢！

和平——淚水溶化了長時期的苦澀，土地空無一物的情景。柔弱的光線下，大片的水域閃爍不定。

融雪期陰霾的軟牆，把我圍堵。雲層低掛，冬日的黃昏透閃著橙色的雲彩。

在波平似鏡的水世界，淡橄欖色背後，是一大片迷濛的青灰，赤楊的禿枝徐徐的在微風中搖曳，映襯著波浪無聲無息的活動。

然後：

在柔和的漆黑中，那朵寂寞的火焰被暖和的光線懷抱著。在鏡子中，風信子像是掛在陰暗古井上的一朵白雲，不易察見，在沙沙颯颯的書叢中若隱若現。

現在不是對我們的，也許永不是對我們而言：

在一片寂靜中，電話的鈴聲總是縮減了我們那些已逃離了卻永不能逃脫的談話。

肅靜的氣氛潛藏了多年前的絮語，回盪著可使心境平靜、可同背負擔子的承諾。

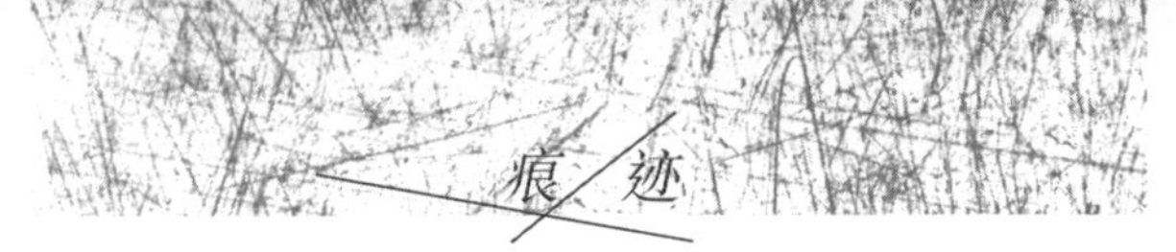

不是對所有人的和平，就不是和平；不把一切事情完成，就沒有安息。

他尋求一己的舒適——

得到的是曇花一現的滿足感，以及隨之而來長時期的空虛與羞恥；虛無與羞辱把他吮吸淨盡。

他爭取自己的地位——

他滿口甚麼做一些有意義事情的先決條件的話，並不能有效地阻止他陷入自我鄙視的景況。

他奉獻自己給工作——

但是他懷疑工作的重要性，因而經常尋找別人的認同：也許他正慢慢地步入一種境地——就是如果沒有人批評他，他已經感激不已；不過，要在人家批評他的時候坦然接受批評，他還要走好長的一段路。

你要求別人給你擔子——但擔子放在你的肩膊上時，你就咆哮了。難道你幻想有另一種擔子？你是否相信無名的犧牲？犧牲的行動跟犧牲者是對立的，而也被視為對立的。

菲利皮(O Caesarea Philippi)*：接受對真道的責難，把它視作真道的實現、定義；在選擇和實踐真道時都接受它。

* 奧登的英文譯本加了以下的註腳：參太十六13~28，其中24至25節尤為相關：「若有人要跟從我，就當捨己，背起十字架來跟從我。因為，凡要救自己生命的，必喪掉生命；凡為我喪掉生命的，必得著生命。」

1950

黑夜將到＊——

「然後一切世上的歡樂也算不得甚麼，若是跟這個應許比較：我在那裏，叫你們也在那裏。」

在殲滅的旋火中，
在毀滅的風暴中，
以及死冷的犧牲行動中，
你會歡迎死亡。
但是當它在你裏面慢慢滋長，

＊原句引自瑞典的一首聖詩。韓瑪紹的母親常在除夕夜朗誦此詩。詩句的瑞典語原文是 *Snart stundar natten*，字面意思是黑夜即將來臨。奧登借用巴林-古爾德(Baring-Gould)的聖詩 *Now the day is over* 其中一句："night is drawing nigh" 來繙譯此句，認為它不單在意思上跟原句貼近，而且對熟悉這詩的英語讀者來說，有異曲同工之妙。(參奧登的註釋。)這詩句自一九五〇年起，就在 *Markings* 一書反覆出現，甚至是一九五〇至五四各年和一九五七年的札記的開首句，可見它的內容在韓瑪紹的思想中的確佔一席位。蘇恩佩曾就此句的內容加以剖析，指出原來的瑞典聖詩旨在引導世人思考人生的短暫，最後一節提到「黑暗將臨，我們留下一切世上的財寶」，明顯是指以歡悅的心情迎接死亡。(參《痕》的譯註。)此譯本也嘗試找一句意思相近而漢語讀者較耳熟能詳的對應句子，於是把這句繙成「黑夜將到」(參聖經和合譯本約九 4)。

一日復一日，
在籠罩著你的無言審判下，
在葉子散落在愚者的樂園時，
你則飽受煎熬。
選擇者的幸福在於與被選擇者的完全結合，
鐵屑的平靜，來自對磁場的力量的順從——
靈魂可得享安靜，如果倒空自己的一切，
在恬靜的和諧中——
這種歡愉就在此時此地，
在「共同內存」的永恆時刻。
你裏面有一種快樂——卻不屬於你的。

孤寂的痛苦，帶來了來自死亡風暴中心的疾風：只有是屬於別人的，才能真正屬於你，因為只有你施出的——儘管只是酬報人家對你的恩惠——才是從「空無」中搶救出來的，這個「空無」或許會在某一天成為你的生命。

常常帶著偽善的掃雷器航行，他想像自己即使缺乏領航員的技術，也不會誤中水雷。

※

叭兒狗假裝是羊，卻試圖與狼羣一同獵食。

※

基於懶惰、無知或在場人的注視（也許只是鏡中的自我影象）——基於這些原因，我看見你作出冒險的嘗試，或承擔一個責任。

※

脹大了的雞蛋可以浮水，也可以在每陣風中飄浮——輕而易舉，因為它已經沒有甚麼了，只有蛋殼，既無胚胎，又無生長所需的營養。「出色的『交際殼』。」

沒有保留，不尊重隱私，急於取悅他人——話語沒有形式，言詞沒有重量。只有外殼。

※

他是一個曾以荒野為睡枕，稱星星為兄弟的人。獨自一人。然而孤獨也可以是一種與天地的感通契合。

※

有一個心臟跳動著，其脈搏是否與樹液的循環、川河的流動互相呼應？有一個身軀舞動著，其節奏是否與地球的活動互相拍和？不。情形剛好相反：有一副腦袋，把敏銳的感官的氧氣系統關掉，把自己的精力浪費在「背信棄義、陰謀權術、搶劫掠奪」上——在狹隘的四堵牆裏驕横跋扈。有一頭馴服的野獸——把該類動物本身擁有的精力耗盡，卻沒有達成甚麼目標。

※

弦外之音消失了，只剩下貧乏的談話，怎也掩飾不了彼此沒有真正的接觸的事實。我們在對方身邊滑行而過。為甚麼這樣？為甚麼——？

我們試圖接觸別人，而失敗了——因為我們從不敢把自己豁出去。

※

昂首挺胸的外表，是健康的標誌，與背著堅硬的外殼，絕不相同。在後者，每當我們猶豫不決，就會躲在裏面，暫避風頭。

※

一個不算奢望的願望：惟願我們的言行舉止，對生命來說，較之於一套禮服對男士的消化系統來說，有多一點的價值。可是，事實上，我們形容的所謂成就，不外乎是一襲禮服，在宴會場合用來遮蔽自身的赤裸。

※

你發覺要原諒一些早熟而又享盡早熟好處的人好不容易。撇開其他的考慮，你不妨想想遲熟的青年也享受著悠長的春天呢！把兩者等量齊觀不是平衡一點麼？

※

他吸入了自己屬靈生命燃燒後殘留在空氣中的氣體後，記起曾在某處讀過：在硫磺工場的四周，即使是少許的植物也必須免受風吹才能苟存。——「這是甚麼時候發生的？」他問自己——「隔了多少代，還可追溯它的影響？」

※

無論如何，你對人類同胞的蔑視，並沒有窒礙你試圖以不損自尊的姿態，去贏取他們的尊敬。

※

隨著時光的流逝：聲譽日隆，魄力日降。

※

施予和接受同情：他的良善無疑是真實無偽的；只要它的表徵是一種先天的傾向，要把其他人的事情，化成自己生命的內容。

※

也許偉大的愛是永不能得到回報的。要是另一個人相對應的愛給予它溫暖和蔭庇，也許就桎梏了它的發展。

它沒有「給予」我們甚麼。不過，在屬於它的那個孤獨無邊的世界裏，它帶領我們攀上險峯，教我們坐擁遼闊縱深的洞見。

※

他告訴我他有很多朋友，很容易結交新朋友，跟他們樂也融融。就在那一刻，我感到深受打擊。那個打擊彷彿是精心策劃般正中要害。探問追究再沒有意義了。

很久以後，我才恍然大悟，明白到他說的話之所以深深傷害我，因為還要走好長的一段路，我的愛才能發展為成熟的愛；明白到那既是他本能的、合理的自衞表現，也是由於他很確信甚麼道路是對雙方都最好的。

※

線條、陰影、顏色——火紅的表現力。

花朵、山脈、海岸、人體的語言：光影交疊的神態，攝人心魂的領口，晨曦中高山草坪上植滿白色藏紅花的碎石小徑——在感官世界裏超越語言的文字。

※

「自戀」包含了嗜食者貪婪的元素，在我們的語言中還沒有恰當的韻律可以加以表達：*Mon cher moi — ame et corps —— tu me fais un grand plaisir!* *

---

* 這句法文的意思是：親愛的自己啊——靈魂與身體——你帶給我無比的快樂啊！

要在悉心的照料下，你那朵自戀之花才能盛放。方法很簡單：不要把自己委身給任何人；因此，不要讓人走近。這是簡單——而決定性的。在重重的保護下，「自我」的冰環逐漸形成，寒峭的冰冷慢慢往內滲透，蝕入它的核心。

※

真是一場鬧劇——一場你的鬧劇。噢，人類的主人！獵狐狗的主人曉得他不過是笨蛋王國一天的皇帝，同時亦曉得有比他捕獵狐狸更有效的方法；然而，另一方面……

※

在各個社交層面上，密謀早已暗結，戰爭已經展開，而無論外在環境在其他方面的情況是怎麼樣，一旦地位不保時，即使是「最佳的頭腦」也無窮盡地展示自己的無知。其實，可使出的花招只有很少。踏上這條道路的人就好像雄松雞在樅樹下追求雌性一樣，視覺聽覺全失——當他自以為是最精明敏鋭時，尤其如此。要向上祈求的恩典：願個人的利益，儘管無可避免，永不會挫敗我們的幽默感；願完全清醒的自我審視，足以拯救我們。

※

只告訴別人對他們重要的事。只問他們你需要知道的事。在上述兩種情況，都應該把談話的內容局限於說話者真正要說的話。——只在要達致結論的情形下爭辯。只跟那些認為開口思考有意義的人藉討論來思考。除非是要與別人在彼此適應的過程中，藉閒談來傳達無從表達的信息，否則，不要容讓它佔據你的時間或寧靜的世界。以下的起居飲食格言：「凡人所說的閒話……」，正好贈予那些曾經歷這句話箇中真理的人。然而，這在社交生活上很難受歡迎。

※

為甚麼我們每一個人都有這樣的渴望：消失人世後，我們的名字還不時在活著的人的腦海中盤旋？我們的**名字**。無名的永存，誰也不能倖免。我們的所作所為的後果不會被擦掉，就正如它們不會——照著我們的榮耀或恥辱——被辨認出來和恰當地歸類一樣。「常有窮人和你們同在。」死去的人，也是這樣。

※

每個人基本上相同：如果多才多藝跟才華平庸的人之間的分別，都在這一刻給無情地抹掉，這句話是真確的；如果牽涉到兩種人怎樣運用才能，這句話則並不真確。儘管這樣，這裏還有生與死的分野，那是為永恆的一切劃下的疆界。歸根結底，這句話也是真確的

——因為我們全部人，無時無刻都同樣面對跨越邊界的可能性——從生到死或從死到生。

※

讓一切都在火中燃燒吧，好教一些有價值的東西可以從灰燼中篩選出來。

※

我們那個無可救藥的、要去**攫取**——去同化（採其最原始的涵義——的本能，成為了我們許多審美經驗的媒介。北歐民間傳說中的山間巨人希望把公主一次又一次的吃掉——一次又一次的，也不過是為了擁有作為山間巨人的經驗。我們採摘花朵；我們把身體互相擠壓——絲毫也不能帶來那種人間的美。由於賦予身體活力氣息的靈是我們觸摸不到的，那種美才會透過肉體展現出來。

※

我們無意識的急流從四方八面捲成洶湧的漩渦時，澎湃的激流仍然可以匯聚成為一道清流——假如把堤壩的水閘向禱告的排水渠開放——而這條排水渠又掘得夠深的話。

※

某些時候，當我們跟別人再次遇上，內心會感到羞愧，因為驚覺自己竟然在見不到對方的日子，把人家不正確地簡化了；我們竟然塗抹了對方一些顯著的特徵！在面對面相見的時刻，那些特徵即使最視而不見的人也會立時察覺得到。這種情況應加以警惕。涉及人時，從遠處觀看，「甚麼都不真實」的說法是真確的；在面對面的當兒，相反的說法同樣是真確無誤的。

※

我在臨街的窗前觀察她的舉動。她日復日，黃昏復黃昏的，故作耐心。耐心，耐心！也許，此時此刻，死亡不會容許你等得太久呢！

※

他咕嚕著這個那個，在說人閒話的小徑上低頭踱步，這對他自己和其他人同樣不公平。重要的是要去吸引——從而擁有（最低限度在這一刻）——一個害怕面對以致不敢袒露自己感受的人。扮演這樣羞恥的小丑角色，總較被人家當作悶蛋，或是當作可鄙的、毫無反應的掃興鬼，合乎社會要求。

※

黑夜的海洋再度泛起醒覺的波濤時，又再羞愧難當，醒悟昨天之不諫。啊！我竟作出了嚴重背叛的裁決，那麼我日常的生活與生命的活水，必定是強烈的對比！那不是重複的錯誤，不是多次的輕微出賣——雖然（神知道）這些已足以叫人焦慮不安和自我鄙視了——而是重大的基本錯誤，那就是當自己洋洋自得地迎合外來的要求時，出賣了在內心比「我」還要偉大的祂。

※

在經歷的過程和經歷的完成之間——藏著了一個連最後的謎也會解開的時刻。一旦發現種種裂痕、污點或剝落的金漆時，那一刻已成過去，而我們禁不住希奇那些曾經深深吸引我們的，到底是甚麼西。

※

縱使你擁有很多，但是你發現其他人享有你所沒有的東西時，你的苦澀感覺會湧上心頭，隨時山洪暴發。它最克制的也不過是在晴朗的日子蟄伏數天；然而，即使在這個對它不由分說是倒霉的時刻，它還是表達了對死亡的真正憤恨——因為其他人仍然可以繼續生存。

※

有如蜜蜂，我們可以從蜜糖中煉取毒素，作為自衞之用——蜜蜂用牠的螫刺時後果如何，更是不言而喻。

※

你對自己以外的人或事（甚至是對你自己）還有沒有「感受」呢？沒有個人的委身，你與別人接觸的經驗最多不過停留在美學的層次。

然而，在今天，即使是這樣殘缺不全的經驗，也使你接觸到部分的屬靈現實；它把你完全貧乏的景況揭露出來了。

※

必須發生的就必然會發生。在這個「必須」的範圍內，你是刀槍不入、無懈可擊的。

他是個為生計而活的人。

他是個重視地位的人。

他是個享受著自己的權利的人。

他是個再沒有問題纏繞的人——因為他滿足於既得榮譽，固步自封。

你自己呢？

在窄長的石坑入口，只有挖土機探射燈的光線，機械的挖土機有如毛蟲的顎一般，噬咬泥土前進。連綿不絕的黑暗。同樣連綿不絕的寒冷，沾滿濕氣。同樣連綿不絕的寂寞——鑲嵌在石牆中，卻沒有牆的安全感。

他在泥土中掘到有用而又可賺錢的礦砂。金錢！部分歸其他三人，部分歸自己。

起碼你要打從骨髓裹肯定，你工作的目的不是為了追求工作完美而來的自我滿足感，而是為了他；而他有權要求你給他東西多於你有權要求他。

為你從好運氣而來的罪疚感贖罪：不是可憐自己或其他人。要交出你的所有，好讓所擁有的一切至少在道德層面合理化，因你知道只有循此路行，才可有權要求別人給你甚麼。

寂靜在回盪
光束把黑暗照明
光線
尋找自己的對應物
在旋律中
靜穆
尋求解放
但求一字
生命
在微塵裏
在陰影中
絕少生長、開花
絕少結果

那些試圖把經驗變得可理解的（為自己？為他人？）苦差——那些明天的任務——Y的友誼或X的欣賞：我把紙屏放在自己和「空無」之間，免得我的目光迷失在時空的無限中。

一幅一幅的小紙屏。第一陣風就把它們吹成碎條，輕碰零星的火花就燃燒起來。備受照顧——卻不時改變。

只有當我們敢於在沒有屏障保護的情況下凝視**穹蒼的無限**時，才能克服那種面對它時頭昏眼花的感覺。接受那是現實，在它跟前證明自己沒有枉然存在，因為這是我們生存必須學會的真諦；萬事**皆然**，我們不過存於其中。

時光的旅程。我們在時光中飛翔——飛離
時光。
振起健壯的翅膀高飛——與時並飛，
永不徘徊，永不期待：
棲息在動作中——我們戰勝了動作。
輕柔的、不著力的——
在駭人的水面上翺翔，
在奉獻的一剎那，
集合了全部的力量，生命的一切岌岌可危，
縱身躍入大海中。
海流翻滾，不能棲息在波濤上。
又再翻過水面，洶湧的浪濤寂靜無聲，
振起雙翅，乘風而去。
永不著陸，永不築巢——
直至大海收回自己的東西時，
投上了最後的一躍。

在激情的國土裏，飢渴是我的家鄉。渴求友情，渴求公義——渴求建基於公義的友情，以及通過友情而成就的公義。

只有生命才可以滿足生命的要求。我這種渴求之所以能夠滿足，原因簡單：生命的性質是這樣的——假如我成為別人的一道橋梁，成為公義聖殿中的一塊基石，就可以把個性實踐出來。

不要懼怕自己，把個性盡情活出來吧——只是要為別人的好處。不要為了買下友情而模仿他人，或因為墨守成規而不活出公義。

要成為自由和盡責的人。人就是單單為此而受造的。那些沒有選取本該屬於他們的道路的人，將會永遠迷失。

※

我閱讀著一些死了很久的人的事迹，其他人的名字悄悄溜進了文字行間。此時此刻，我竟讀著我們的事迹，就像在將來的時空閱讀已成過去的我們一樣。大部分人已蹤影全無。一度是非常重要的問題，只是一些冰冷、抽象而簡單的東西，橫跨書頁，不過當時的我們卻茫無頭緒。我們就有如一羣頗為愚蠢、笨拙、自私自利的布偶，被明顯的繩索拉扯著，繩線不時絞作一團。

在歷史研究那面扭曲的鏡子中，我看見的並不是滑稽的諷刺畫。只不過是「一切都是虛榮」的說法，再次得到證實。

最低限度他清楚認識自己這一方面的景況——我知道人是甚麼——其鄙俗、情欲、驕傲、嫉妒——與渴望。

渴望——其他事情以外，還有十字架。

※

生命果真是那麼潦倒嗎？還是你的手太細小，你的視野太混濁？你這個人得成長起來！

※

我們不能選擇自己命途的框架；但框架的內容卻是由我們放進去的。想探險的人會經歷探險的滋味——按照他的勇敢程度。想犧牲的人會得償素願，犧牲自己——按照他心靈的純淨程度。

※

不要給事物的表象蒙蔽你，以致你看不見成功的空虛、成就的虛無、勞苦的荒涼。因此，要常常鼓勵自己不斷前行，鍥而不舍；並時刻體會心靈的痛楚，讓它鞭撻我們超越自己。

往何方？我不知道。也不問。

※

小頑童左搖右擺地單足跳了數步，沒有跌倒，因而對自己的靈敏，讚歎不已。更叫他沾沾自喜的，是旁觀者的注視。我們可曾成長過？

※

我們豐衣足食、事事順遂時，會以何等的自律、靈魂高潔、情操高尚來款待自己——廉價的款待：較之於「成功是美德的報酬」的信念，不見得有何優勝。

※

室內塵埃積聚，空氣混濁，光線微弱，我們沒打算在此刻離去。

假如缺乏勇氣去獻上我們愛的對象，我們的愛就會日漸枯萎。

只有當我們熱愛生命，不去思索它是否屬於自己，我們的生存意志才得以堅持下去。

※

我們不再相信有位格的神祇的那天，神並沒有因此死去。可是，當我們的生命不再接受那道穩定的光輝照明時，我們就在那天死去。那道光輝天天更新，帶來驚歎，它的來源更是超乎理由的。

※

「把別人看作目的，千萬不要看成手段」。我有能力成為手段時，才可以成為目的：把主體和客體的分界線移到另一個位置，好讓那個儘管是在我裏面的主體，變成在我以外，在我之上，以至我**整個人**可以成為那比我偉大者的工具。

※

現在，就是在這個時刻，我能夠也必須償還我曾接受的一切。過去和它的重重債務就由現在來清算。至於將來，我也不作出任何要求。

美是不是在人與生命每次接觸時創造出來的呢？在接觸的過程中，人若能把生命恩賜給他的全部力量，都集中投放在活著的每一時刻，是否就清還了他的債項？美——是屬於償還欠債者的；這對其他人來說，也許亦然！

最長的旅途，
是往內走的旅程，
是那個選擇了自己命途的人的路程。
他展開了自己的求索，
去尋覓自己存在的源頭。
(有源頭嗎？)
他還是與你同在，
卻跟你沒有關係，
隔絕於你的感受。
像一個被判死刑的人；
或一個面臨迫近眉睫的告別的人，
這個告別過早獻給了
孤寂——所有人命途的終點。

在你與他之間是距離，
是飄忽——
是關懷。

他會看著你的身影隱退，
逐漸遠去，
聽著你的聲音隱沒，
沒入空無。

相聚的黃昏過後，空虛接連著罪疚感帶來了無助的悲愴——那種必然伴隨著怠惰與欠缺感的沈痛。

這個傍晚不單無意義，而且也不必要。上演了一幕劇，原因是：平庸如斯的人跟人交往時，向怠惰這個不可饒恕的大罪投降。喜劇必須做到完場，填滿在這種環境底下觀眾只會期望的胡扯——那種把存在的真實降格的閒聊。

※

他竭力與你有活潑的接觸；在他赤條條的痛苦跟前，你那份麻木冷漠而又自鳴得意的孤單感霎時無所遁形！你發現，別人的身上若然映照你自身的問題，你就很難保持——高潔無瑕。

※

我赫然發現他對自己來說比我對自己來說更加真實，而我需要的，是經歷他的真實，把他的經驗視作主體（而不是客體）——而且是較我自己的**更**真實的體驗。

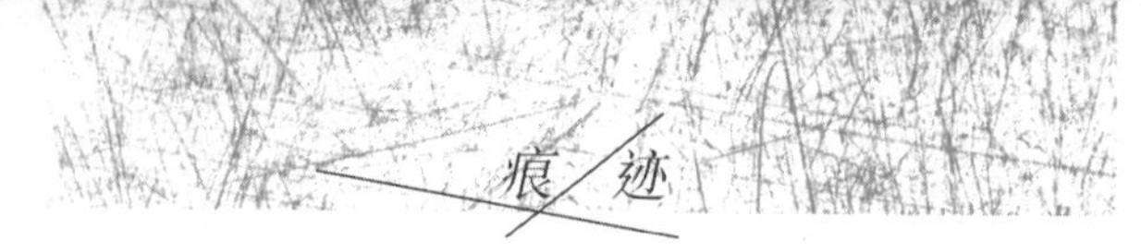
痕迹

1951

「黑夜將到——」噢！又是新的一年了。如果今天是你最後的一天：

「——我們怎可能是曾被過分低估或欺騙的人？很久以前我們所作的每一件事情豈不是都已得到超值的回報？」

——埃克哈特

時間的滑輪不可阻擋，把我們拖向這最後的一天。想到在那一刻，再也沒有更超越的彼方了，叫人略感寬慰。我可以檢驗選擇者的一切事情，一切事情——除卻這一樣。那時候，日子與年月溶化在一個獨特的時刻，死亡把它的每一面都照明，一切都只能由死亡來衡量。

※

要作出一個重大決定之前，有人緊握著你的手——在一片鐵灰色中忽地亮出一線金光，證明了你從不敢相信的一切。

※

對於孩子的一顆充滿期盼的心來說，時間往往顯得漫長——等待著聖誕，等待著暑假；等待著長大成人。同樣地，假如孩子把整個心靈完全獻給美好的一天的每一分秒，時間也是異常的漫長。然後——

※

因著**別人的**自卑感，出於對他們的忠誠，他逼於無奈地表現得積極進取。

※

「在別人的冷漠中尋求滿足。」與此同時也渴求同情！

※

現在的一刻十分重要，不是基於它是連接過去和將來的橋樑，而是因為它的內容；假如懂得如何接受和消化當下一刻的內容，它就能夠填塞內心的空虛而成為我們生命的內涵了。

「年老的人應當成為探險家。」

——艾略特(T.S. Eliot)

有些老者必須是探險家——因為他們熟知領域的邊界不再開放了。然而，極少老叟探有所成，發現新的大陸。

※

水仙子那喀索斯(Narcissus)斜倚水泉，深深受倒影中的男子迷住了，因為惟有在他的一雙明眸中，那喀索斯才敢於——或有機會——忘卻自己。

那喀索斯斜倚水泉，深深被自己的醜陋攝住了，他為這份敢於承認的勇氣而感到自豪。

※

在女巫的子夜集會上，向著黑塔進發，展開向魔鬼宣誓效忠的旅程。在那裏，我們碰到的只是自己、自己、自己。

※

要忘卻經歷，我們是怎也花不起的；儘管那是最痛苦的經歷。

※

我們不會忘記我們當中死去的人。記得他們何時出生，何時逝世——他們不是出生時前途無可限量；就是逝世時成就顯赫不凡。

※

要「善於交際」——要說話，純粹是因為社會規範不容許沈默；要互相挨擦，用以製造親密接觸的幻象：好一個人類處境的例子！這自然跟任何誤用屬靈資源的情況一樣教人精疲力竭；是人類在靈性死亡的地獄中自作孽的一個縮影。

※

「缺乏個性——我們太容易弄不清究竟是懼怕為個人的信念站起來，還是傾向被別人的看法左右本身的想法，或只是自己根本沒有信念，感到必須充分重視對方的論點，才合乎作為剛強和成熟的人的體統。這是個捉迷藏的遊戲：每當魔鬼要利用我們缺乏性格的弱點，就把這種表現稱為包容；而當魔鬼要扼殺我們學習包容的努力，就稱之為缺乏個性。

※

勝利的光環，圍繞著一個純潔無私的人，靈魂的芬芳自他身上散發出來。那是一種酸果蔓與雲莓混合的味道、霜雪與火熱的天空交織的情調。

※

不可一世的人厚顏無恥的表現：用自己的一雙手，親自從坐墊上把皇冠拿起，然後放在自己的額頭上。

「不可一世」使人與一切構成人類秩序的事情，變得愈來愈疏遠。

寓言一則：從前有一個很重很重的皇冠，惟有完全注意不到它的光輝的人，才能夠把它戴在頭上。*

※

你身穿的夢幻舞衣，正是你小心翼翼披戴的面具，使你以最佳的狀態出現。不過，它正是一堵牆，把你和

---

* 查理十二世（1682-1718，瑞典國王[1697-1718]）在自己的加冕典禮中，親自把皇冠放在自己的頭上。參奧登譯註。

你尋得的同情隔開。那份同情是某天你赤裸裸地站在那兒所博取回來的。

只有當發號施令的聲音變成絕望無助的哀鳴，人家才會聽從。

※

獻身給明天——

儘管這只是 *se preparer à bien mourir** 的意思。

※

只有每天使權力合理化的人，才配擁有權力。

※

動機蕪雜、糾纏不清。在每個重大的決定背後，我們性格的每一面——卑賤的或是高尚的——同樣扮演著重要的角色。在一個兩者聯成一線、團結一致的行動背後，究竟是哪一面欺騙了另一面呢？

行動過後，當惡魔靡菲斯特(Mephisto)現身，笑著臉宣告自己勝出的時刻，我們是仍能打敗他的，視乎我們如何看待自己行為的後果。

※

「人家期望他興起成為領袖。」他——？按照其勇氣和性格，他會容讓自己好像亞哈船長(Captain Ahab)一樣，在茫茫的大海上逃遁漂流。

※

* 這句法文的意思是：要早作準備，好使自己死得恰當。

他是哥倫布小帆船的隊員。在航海途中，他反覆猜想可否趕及返回家鄉，趁著其他人還來不及奪去飯碗之前，接替老鞋匠的工作。

※

在生命的某一點，一切事情變得簡單，再沒有選不選擇的問題；因為如果你回頭的話，一切賭本都會化為烏有。你已踏進了生命的無還點，只能向前、不容後退。

※

一個人被推到石灰燈下，成為眾人的焦點，一個環繞他的傳奇從此展開，就像環繞著一個死去的人一樣。然而，死人不愁會為了孕育自己的傳奇而向引誘投降；或是把傳奇的內容等同自己真實的生活。那些愛上了自己的形象，而該形象又是在公眾人物生涯的蜜月期建立的人，真是可憐透了！

※

不要拖累地球——無須因為攀登險峯而淪為可悲的毅行者！單做到這點已難能可貴：不要拖累地球。*

在怠惰、焦慮與挑釁的世界——要在「形成」的瞬間喜悅中存在；當生命夾著歡愉和勇氣掠過時，要成為

---

* 奧登註：這個思想來自伯蒂爾．埃克曼(Bertil Ekman)(1894~1920)的遺著。埃克曼在一次攀山的歷程中身亡。韓瑪紹年青的時候，深受他的理想主義和祈克果式嚴格主義倫理觀影響。

生命的流通管子——仿如陽光下閃閃生輝的清水。

為別人的將來存在，而又不讓他們的現在把你窒息。

※

一個人究竟是沈醉在逞強的英雄主義，還是展示著富悲劇色彩的無私精神（這種悲劇精神正好為「咖啡茶點聚談會」的鬆軟蛋糕添加了丁點兒的色彩），全繫於一個簡單而明顯的事實：他是否把自己完全獻給自認為有價值的事情。

※

環境容讓他認識自己真正的命途，他膽敢單單是因為自己不準備放棄一切而斷然拒絕命運的安排嗎？

※

選擇了一條路就不能走其他的路了。一個人如果不願意接受這個定理時，我想他必須說服自己停留在十字路口，因為這是最合乎邏輯的行徑。

不過，不要責怪選定了道路的人——同樣地，不要稱讚他。

一個年青人，投入生命，堅定不移。身邊最接近他的人講述在最後的一個晚上，他在宴席上站起來，把衣服擱在一旁，然後替朋友和門徒洗腳——一個堅定不移的年青人，面對自己最後的命運時，孤獨一人。

他早已察覺到他們對他的友誼斤斤計較！他早知道沒有一個人對他必須做的事情有絲毫的概念。他早知道他們會感到極度惶恐和戰慄；而其中一人已告發他，很可能會隨即向警方發放訊號。

他同意接受生命的一個可能性；早在他從曠野回來之時，他已得到初步的暗示。要是神向他要求甚麼，他必定遵從。直到最近，他想，才較清楚明白和認識到這可能是通往十字架的路。不過，他知道他必須遵從，雖然仍不肯定他是否那個「必叫那事成全的人」，卻肯定惟有走到路的盡處，答案才有分曉。盡處**可能**是毫無價值的死亡——也可能是那條通往十字架的道路。

就這樣，在那個最後的晚上，那個堅定不移的年青人說：「我向你們所作的，你們明白嗎？……如今事情還沒有成就，我要先告訴你們……你們中間有一個人要賣我了……我所去的地方，你們不能到……你願意為我捨命嗎？我實實在在的告訴你，雞叫以先……我留下平安給你們……但要叫世人知道我愛父，並且父怎樣吩咐我，我就怎樣行。起來，我們走吧。」

這不朽而極其簡單的一幕的主角難道就是「神的羔羊」，「除去世人罪孽的」那位？絕對忠於一個神聖的可能性——就是作為神的兒子、犧牲的羔羊、世人的拯救者。一個堅定不移的的年青人，走在那條可能是通往十字架的道路上，沒有自憐，也沒有乞求同情，成全了他選擇的命途——即使犧牲了友愛和情誼，因為其他人並無準備跟從他進入一種新的情誼——他仍是那樣的矢志不渝。

※

同意接受那個可能性——為甚麼？他為別人犧牲自己，究竟是同時**為了自己**——妄想自大狂的表現，還是為了別人的緣故才實現自己？其中的分別也就是人獸之別。「我賜給你們一條新命令，乃是叫你們彼此相愛。」

※

要是內在的可能性與外在的可能性交纏在一起，後果可能不堪設想。那條可能是通往十字架的道路，帶來了進城時「和撒那」的歡呼聲——這些歡呼聲卻敞開了各種不同的可能性，他不一定要踏上那條已選擇的道路呢！

※

我們的痛苦和渴望有千百種，同時有千百種的途徑可以麻木它們。這個道理十分顯淺，就如我們誰都曉得，那些痛苦和渴望最終會溶為**一體**，而只有**一種方法**可以加以克服。你最需要的，是感受到——或相信你感受到——別人需要你。

是註定的也好，是選擇的也好——最終，未來孤獨的遠景只容許我們在兩種情況中選擇其一：要麼在孤寂的荒蕪中絕望一生；要麼孤注一擲地把希望寄托在一個「可能性」上：人能夠享受到生命的那種超越的共同內存性。然而，選擇第二種情況，豈不是要擁有那份叫山脈移開的信心？

三月晴朗的一天。雪層表面，搖曳著赤楊樹纖長的倒影，寂冷的空氣凝固下來。然後——倏忽間——畫眉的第一聲鳴叫戳入空氣中，讓你意識到那個存在於自己以外的真實世界。倏忽間——你意識到塵世尚有樂園，就是那個我們的知識攔阻了我們進入的世界。

※

他帶他的小女孩同來。她穿上了自己最好的連衣裙。你察覺到她是如何愛護那件禮服的。其他人也察覺到——不經意地察覺到這條也是去年在另一個小女孩身上最好的連身裙。

在清晨的陽光漫照下，這裏曾載滿節日歡樂的氣氛。可是，現在已經曲終人散，大部分人歸家去了。賣氣球的正在計算當天的收入。太陽也不甘後人，退到雲堆後歇息。他帶著小女孩來到那裏，企圖淺嘗春日的歡愉，或在復活節清新得像剛擦亮了的太陽下，烘暖身子。可惜，為時已晚，四周蒼白荒涼，空寂無人。

然而，她感到愉快。他倆都感到愉快。他們已經學會了一種你完全不懂的謙遜。一種從不作出比較的謙遜。一種永不會因為要求「其他的」或「更多的」而拒絕當前的事物的謙遜。

不豐富的食物，無裝飾的形式，
短促的喜悅，寥寥數語。
凝冷的天空低掛著
一顆星——
那是晨星。
在稀疏而暗淡光影下
「真實的事物」活著，
而我們是真實的。

※

你這樣接二連三、持續不斷的膽小怯懦、謊話連篇，終有一天會面對宣判的。那時候，你即使稍為展露儘管是微不足道的軟弱，也會使你再無任何機會，作出——恰當的——選擇。

你是否起碼要心存感激——因為上天容許你的審訊持續進行，你所說的一字一句還未被信以為真。

※

作為一個向上爬的人，即使有幸達成自己的目標，你可做的事情還多得很！舉例說，你盡可以設法從中阻撓，不容許別人的資歷比你優勝。

※

你腦海中霎時閃過這樣的念頭：**我要是從來不存在也是一樣的**。其他人卻以為你把自己的存在看成理所當然的事；因為他們注意到你擁有一份有保障的收入、一本銀行存摺、一個手提公事包。你能夠吸引他們的，是你是**甚麼**人，而不是你**就是**你。「白晝還未過去」，你該細想的，是你的退休金——不是你的死亡。

你小題大做的事情何其多；
我真的不想它們來煩擾我。
——比耶．舍貝里(Birger Sjöberg)

倘使死亡也要變成一種社會功能，那麼，請容讓我躡手躡足離開吧，不驚動任何與會人士。

※

X先生——外表變化多端，內裏苦行禁欲，還帶著反女性的感情傾向，展現了一個獨身者性格中的不同型態。這些型態和諧並存，卻毫無因果關係。至於「較正常」的類型，他們就算在開闊的天空下闖蕩，也會拖曳著辦公室和睡房的氣味。他則不同，有他為伴，你就是在厚牆之內，天花板下，也可以逃遁到一個自由和真實的世界。對人對事，他只輕輕一碰，已較其他人來得精確和敏銳。他聲調的變化足以把你留住；一個眼神也可以與你感通。

我那個「通俗心理學家」朋友向來對自己的診斷很有把握，就這事情卻茫無頭緒，百思不得其解。

※

屬靈的解放有其感官成分，正如靈魂的幽閉症亦有其肉體象徵和生理基礎。

※

那份不出賣自己內心最高貴的品質的勇氣，別人給它最高的評價不過是倨傲。批評者看到勇氣帶來的，對他們來說就像是犯了不可饒恕的大罪般的懲罰，就更加確信他們的判斷。

※

有權勢者，內裏無可挽救：反之亦然，被挽救者，內裏帶有力量。

※

邊界在哪裏？在那些美侖美奐、盛載意義又不明所以、深深鑿刻在腦袋而遠勝雙眼感官認知的夢裏，我們去了哪裏遊歷呢？那裏一切美好——無憂無懼、無欲無求。

那些親身經歷的現實的回憶，又往哪裏消失呢？

與此同時，夢的意象卻歷久常新——猶如回憶的回憶。

比如，我那個雀鳥夢，又或者是種種黑夜和清晨的夢。

※

倦鳥，一羣疲倦的大鳥，棲息在險峻的懸崖上，靜候黑夜的降臨，崖下是陰暗的海浪。倦透的鳥兒回頭凝望西方的烈焰。火焰的光輝化成一片血紅，一片攙進了炭黑色的血紅。我們的視線越過海面，朝向西方，仰望日落高聳的拱門。寂靜無聲——偌大而遙遠的世界隱沒在黑夜的懷抱中，我們的生命與這個恢宏的世界契合起來。——剛才零碎的話，宣之於口或是藏在心底的，（我的？他的？）在昏暗的天色中逐漸消退：現在天太黑沈了，不能找回頭路了。

※

黑夜。路向前延伸著。在我後面，路蜿蜒折向一幢房子——黑暗中園子裏濃密的樹叢透出一絲微光。我知道，在黑夜的掩蔽下，人影蠕動著；而我的四周，在陰沈的夜色下，生命抖動著；我知道房子裏有些事情正在等著我。漆黑樹叢外傳來一隻孤獨鳥兒的鳴叫：於是我——往那裏走去。

※

光——看不清來源。抹上淡金色的新的一天。矮樹叢柔軟的灰綠葉子，鍍上了銀露串串。山的四周也植滿了歐亞活血丹的冷紅。一望無垠的湛藍。一道清溪，流過樹影婆娑的峽谷。我繞過峽谷，走上一道遼闊的山坡。樹枝搖曳，灑下水珠點點，在我的手上來回閃動，給我的額頭帶來陣陣清涼，在清晨的微風中默默消散。

※

此時此刻，我已經克服恐懼——對他人，對自己，對潛在的黑暗：

在不為人知的領域。

在那裏，可知的世界終結。然而，有一個超越可知領域的泉源，把我的存在填滿可能性。

在那裏，欲望淨化了，變得清澈澄明：每一個行動都是為未可知的東西作好準備，每一個選擇都是對未可知的東西表達認同。

一方面，各種生命表面的責任阻止了我們往其深處細看；另一方面，那些責任又從不間斷地把我們慢慢訓練、模造，使我們能夠縱身躍入生命的深處——那裏泛著一顆森林之星的芬香，承諾會帶來一種新的情感。

在那個領域——

※

假如你已經到達不再期望別人有反應的境界，就表示你終於能夠在付出之餘，又使別人可以欣然接受，並且心存感激。藉著把自己溶進光中，成熟的愛會化成一道燦爛的光輝；那時候，愛人者不再依賴被愛者而存在，被愛者也因為從這種依賴的關係中解放出來而變得完全。

在時間的哪一度空間下，這種感覺會天長地久？它以前是的，那種珍貴的感覺曾使我心醉神往。它在我的心內萌生，無人曉得，又逃離了我——然而，它是由一顆有血有肉的心超越時空創造出來的，而這顆心不久卻會化作灰塵。

天空依偎在大地上歇息了。在森林的大腿上，躺臥著漆黑寧謐的小湖。寂穆、高曠的晨光，擁抱著光禿的土地和樹木，有如丈夫用忠誠而溫柔的手臂，把妻子的胴體擁入懷中。

我心裏湧出了一種渴望，很想分享這個擁抱，與它融合，被它吸收。一種近似肉欲的渴望，對象卻是大地、湖水、天空；換來的是樹葉的絮語、泥土的芬芳、柔風的撫摸、水與光的懷抱。滿足嗎？不，不，不——卻更新了，安歇了——在絲絲的等待中。

※

他得到的是——零。然而，他為此付出的，卻超過別人為他們的珍寶所付出的。

※

把自己跟所屬的社羣分離，那個革命者只會踏上死亡之路；除非在改革的過程中，他是被一種愛驅動著：他愛上了驟眼看來必須摒棄的東西，那麼，在最深奧的層次上，他仍是忠於那個社羣的。

※

在魔鬼那盒撲克牌中，詛咒與死亡的紙牌平放在成功的紙牌旁，惟獨沒有愛的紙牌——他可否知道這正是由他來決定那麼多人命運的原因？對於一些人，他是神的替身；對於另一些，他是一個暴君，必須加以抵抗。

※

心理學讓我們很容易把難解的謎拋諸腦後，方法就是用標籤把它們列入常見的偏差項目中。

※

假如兩個人在沒說出來的對白中發生磨擦，那就決不能靠他們說的話來消解——即使雙方對發生的事情互有洞察；他們必須共同努力，加以補救。

※

大自然的偉大，帶給我們超出人類感官的體驗。這種體驗不容讓自己被簡約成人類反應的一種表達，而人也不能單靠表達就可分享分嘗；除非我們各自找來途徑，加入成為大自然有機整體的一個音符；否則，大家只不過是觀察到自己正在觀察千萬種的組成部分相互交錯的和諧情景，而決不能經歷到當中的和諧。

風景：只有當你親身經歷其中的細節，它才能在你的心靈上植上土壤，讓整體的美落地生根、開花結果。

※

在嚴寒地帶夏日晚上的聖禮：冰雪與綻開的嫩芽混在一起的氣味——殘留在禿樹幹赤褐色的微光，映照著綠油油新葉的閃爍——開放水道中的一窪水，和應著垂柳上鷦鷯的顫音——夕陽殘照下，泛起冰塊死寂的浮光——杜鵑花的紫浪，席捲沼澤的淺灘——乾枯的矮松四周，盡是捕蟲堇菜的白點，恰如點點滴滴在陽光猛照下澄湛的寒水。勝利——

※

在林木線的花卉前，謙遜就是那道閘口。通過它，才能曲徑通幽，步向空曠的荒野。

※

想到還有進一步的犧牲就叫人興奮，因為生命仍沒有要求一切。不過，假使生命把一切可使用的都拿走了，結果又會怎樣？只要你能豐富自己的靈魂，使你必須奉上的一切都是有價值的，那麼，把一切都獻上的渴求是十分美好的。若然不是——為甚麼會那麼繃緊？還有甚麼世俗野心的濁流，在你作為人的求索中來回奔竄？

※

曠野的秋天：生命本身就是目的，儘管在個別生命遭殲滅的過程中，也是如此；在滅絕的頃刻間，遠景清晰，四周寧靜——這個黃昏，我會對執行死刑的隊伍點頭說是，並不是出於筋疲力盡，或違抗蔑視，而是基於一份堅定不移的信心，確信萬事萬物共同內存——一生也要在人羣中持守這份信心。

※

拉普蘭地區的秋天。悶熱而夾雜雨水的東風刮向乾涸的河牀。河牀兩岸，黃色樺木在風暴中顫抖著。

空曠的河口回盪著滅絕的頌歌。那不是迎向滅絕或因滅絕而產生的頌歌，亦不是縱使滅絕也要唱出的頌歌。那是垂死的掙扎；它本身就是那首頌歌。

※

「在不為人知的領域——」不為人知的——也許只不過是指康拉德（Conrad）小說中吉姆爺（Lord Jim）與多拉明（Doramin）最後一次的會面，那時候他從對自己絕對的忠誠中取得絕對的勇氣和謙遜。既醒覺自己的罪，又同時醒覺自己由於對那些現正要求他付出生命的人所作的一切，已得蒙救贖——只要在今生，救贖是可行的。無憂無慮、快樂自在。彷如一個沿著孤寂的海岸獨自流浪的人。

1952

「黑夜將到——」路漫漫而修遠。路途一旦展開，你無時無刻都需要掌握分秒，去認識沿途的一切。

※

「我正被引領往更遠的地方」——是的，是的——但你卻沒忽略在你眼前湧現、對你最有利的機會。

※

「願你的旨意行在地上——」無可否認，你容讓一己的私利策動你投上若干努力，去參與命運的安排；無可否認，你嘗試對其他人以最亮麗的色彩，去描繪這些努力——那也罷了，但你必須容讓最終的結果是憑著信心而不是由你的頭腦來決定的。

「願你的旨意行在地上——」讓你的內心掌管外界，靈魂駕馭世界——無論這會把你帶往何方。要小心，不要讓世俗的益處以屬靈美善的姿態出現，以致你看不見靈魂能賜給你現世生命的價值。

※

以工作麻醉孤單，以書本取替人！你說你在等候，門正開著呢。等甚麼？等誰？恩培多克勒(Empedocles)等待的，不是埃特納火山(Etna)嗎？那豈不是一種超越人間友伴關係的命運？

※

世上最困難的事莫過於——死得**恰當**。這是沒有人可逃避的考試——有多少人合格？你又如何？你正祈求自己有面對考試的力量——以及考核官可以手下留情。

※

生與死，愛與痛——在社會責任的日光燈下的舞會背後的真相。

我多認識科克托(Cocteau)在《奧費》(*Orphée*)中的鏡子象徵！我要衝破那道障礙，那道我面對現實時阻止我面對自己的障礙——要衝破它，即使因而要進入死亡的國度，也在所不惜。然而，除此以外，我還有沒有更熱切的渴求？何時又如何能夠覓得合適的場合？現在還來得及嗎？

我跟其他人的接觸能否超出自己的倒影？何人或何事能給我力量，把鏡子轉化成門道？

偶然的事？必要的事？我是否太「理智與穩妥」，即在社交方面太自我中心，以致從不理會非必要的事情，只顧念能夠交代的事情？

「在不為人知的領域——」意識到深海潛水的終局，卻基於本能、經驗、教育，為著「某些原因」，害怕把自己的頭潛入水中，甚至對如何潛下也一無所知。

※

生命川流不息，流過千百萬年；人類生命的河流，也流經數不盡的世紀。邪惡、死亡、貧乏、犧牲、愛情——「我」——從這個角度來看——是指甚麼呢？理性告訴我，我必然會尋找對自己有益的事情，努力去滿足自己的欲望，為自己賺取權力，贏取別人的讚賞。可是，我「知道」——知道而並非真正曉得——從這個角度來看，沒有東西會是較次要的。一幅惟神**常在**的景象。

※

在各種喧嘩與躁動的紛擾下，要保存內在的寧靜。要保持開放與清靜——情景彷如在肥沃的陰暗中，保存一塊濕潤的腐質土壤，好讓雨水澆灌其上，穀物賴以成熟——不管閱兵場上踐踏過多少足印：在乾旱天空下，在滾滾沙塵中。

※

假如對大地的感覺跟對自己身體的感覺可以契合起來，我們就會成為泥土中的泥土、植物中的植物、從土地而出又向土地施肥的動物。在這種契合中，身體本身的泛神意識進一步得到確認了。

※

要表現得友善，殊不困難，就是對敵人也一樣——只要我們缺乏個性。

※

你厭惡自己的空洞枯寂。難道這份憤慨就是你為它填上的惟一生氣？

※

現在，你在這裏了——那算不得甚麼。一生中，我們要走上多少步，要花上多少時間，才得以親耳聽聞，親眼目睹——甚麼？

※

在空無中存在，
在寂靜中睡覺，
在黑暗中哭泣——
小夢魘啊，
甚麼時候，**甚麼時候**？

※

現在，你知道了。當你從工作的憂慮中釋放出來，就會經歷到光亮、溫暖、能力。從外面而來的——一種支撐的力量，有如推動滑翔機劃破長空的空氣，又或承托泳手載浮載沈的水。智性上較多疑慮、事事講求證據及邏輯的我，不會輕易「相信」 ——這也不例外；也難以用智性的術語去表達和詮釋這種事情。不過，我察見內心閃過一個靈魂的磁場，這個磁場是在永恆的現在，由不知名的羣眾創造出來的，他們在神聖的順服中生活，一言一行都是無時間性的禱告。

——「聖徒的相交」——當中——正湧流著——永恆的生命。

※

永不可，「為了和平和安寧」，否定你自己的經驗或信念。

※

給我一個值得為之死去的目標吧！

牆矗立著
沈默而冷傲，旗幟
在風中撲拍。

——荷爾德林(Hölderlin)

是甚麼使孤單變成深沈的悲痛？
那不是由於無人分擔我的重擔，
而是：
我只背負著自己一個人的擔子。

※

既不容讓欲望使自己盲目，
又感到自己無權侵擾別人的生命，
更害怕坦露自身的赤裸，

還要求完全的融洽，作為共同生活的條件：事情還可以有別的發展嗎？

※

祈求——你的孤寂可以鞭策你，使你尋找到一個值得為之生而無悔、為之死而無憾的偉大目標。

※

疲倦使人對痛苦遲鈍，卻撩起叫人著迷的死亡念頭。噢！**那就是**你意圖克服孤寂的方法——藉著一次最後的逃亡，告別生命。不！死亡或許是你獻給生命最終的禮物：卻絕不能淪為你對生命的背叛。

「把自己奉上」——在你的工作上，為其他人：盡力而為，只要不是忸怩（甚或是期待別人欣賞）的行為，就是美好的。

※

我的要求多麼荒謬：我要求人生有意義。

我的追求多麼渺茫：我追求自己的生命有意義。

我不敢相信，也不曉得怎麼能夠叫自己相信：我不是孤單的。

※

我內心世界的荒涼，是反映了我的貧乏，還是誠實？是展現了我的軟弱，還是剛強？是顯示了我已走失了，還是走對路？無邊的絕望，能否把答案告訴我？

※

「——意義。」倘若這是出於一個十七歲的青年，就是一派胡言的了，因為他根本不知道自己在說甚麼。若是出於現在已經四十七歲的我，也是一派謬論，因為我明明知道自己寫下的是甚麼，卻還繼續寫下去。

※

你這種要與人溝通的需要真是可笑！為甚麼你老是渴望起碼有**一個**人可以進入你的內心世界？你為甚麼必須寫下這些？固然，你是為自己的，不過，**也許**還為其他人呢？

※

孤寂不是伴隨我們直到死亡的疾病。不，可是除了死亡以外，有沒有別的方法可以醫治它呢？是不是愈走近死亡，就愈難忍受它呢？

1953

「——黑夜將到——」
為過去臨到的一切——說一句感謝！
對將要降臨的一切——說一聲好的！

※

成熟的表現：還包括不會因為畏懼而隱藏自己的力量，以致沒有把自己最好的活出來。

※

善良就是這麼簡單的一回事：常常為別人而活，絕不謀求自己的利益。

※

在決定性的時刻——就像現在——神採取行動了；這是嚴峻而帶有明確目標的行動，好比一個帶有索福克勒斯(Sophoclean)悲劇風格的諷刺！時辰一到，祂就把屬於祂的都拿走。**你**可有話說？——你的禱告已蒙應允，你是知道的。神對你有特別的安排，儘管祂現在要求的碰巧並不符合你的意願。祂是那位「把祂升高的人降卑」的神。

※

究竟那天會不會來，
喜樂無窮的那天，
淒苦消散的那天？
——貢納爾．埃克勒夫(Gunnar Ekëlof)

那一天**真的**來了——淒苦消散的那天。那時候，面對當前神各種的要求，那些落在我身上的又像是難以承擔的事情，霎時間變得毫不重要了。不過，要感受到這同樣是（基於同一個原因）喜樂無窮的一天，卻又談何容易？

※

在我裡面的，不是我，乃是神。

※

成熟的表現：還包括一種全新的無自覺意識——那是一種要絕對認同命運、完全漠視自己才能達到的境界。

那些把自己交托在神手裏的人，縱使在人羣當中，仍能夠自由自在：與人相處時從容自若，因為他們已經把判斷的權利，授予其他人了。

※

4月7日

「他們的生命建基於神，也由神支撐著。他們不會有任何形式的驕傲；因為他們把一切神賜下的好處都歸還給祂。他們不會互相吹捧，只會在一切事情上都把榮

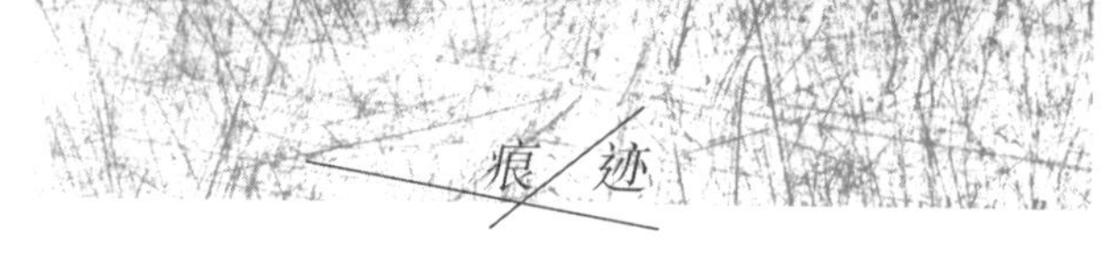

耀單單的歸予神。」

——金碧士(Thomas à Kempis)

※

我只是容器，盛載的液體是屬於神的；而感到口渴的也是神。

※

歸根結底，「犧牲」這個詞是甚麼意思？或甚至是「奉獻」這個詞，該作何解？一無所有的他，能夠奉上甚麼？他獻出的本屬於神——自當歸還給神。

※

那個已經把自己獻身真道的人，一定曉得真道的盡頭必然是十字架——即使沿途碰見的是羣眾在革尼撒勒的歡呼，或基督光榮進入耶路撒冷的情景。

※

要自由自在，要昂首站立，把**一切**拋諸腦後——絕不回頭。要肯定地說：「**是**」——

※

除非仰賴信心，沒有人是謙卑的。謙卑的真面目，既不是軟弱的面具，也不是法利賽人的面譜。

　　除非仰賴信心，沒有人是可以自豪的。基於靈性不成熟而浮現出來的形形色色的虛榮，談不上真正的自豪。

要仰賴信心，既謙卑，又自豪：這就是**坦然活著**，既認識到在神裏面我們是一無所有的，因而謙虛恭謹；又曉得神正住在我們裏面，所以引以為榮。

※

對生命說「是」就是同時對自己說「是」。

「是」——甚至對自己內心那最不願意的成分——即最不願意讓自己由誘惑轉化成力量的部分，也該如此。

※

奇怪的一剎那：一個人的容貌在浪濤的閃爍與震盪中溶解了。想望穿海面，只見大海深不見底。你蠢蠢欲動，亟欲潛進深海，探個究竟——然而，海水是抓不緊、摸不透的，況且，你又不能在海中呼吸。再走一步，關係就會破裂，淪為驚恐與錯誤：你以為自己正在佔有另一個人，實際上正在失去他。你企圖打破性格的界限，卻為自己建造了新的樊籠。

※

就算是在人情交往最晴朗和穩妥的時刻，也會蟄伏著人際關係的深淵——因為我們失去信心時，生命的陰暗面所包含的各種可能性，就會把我們的心魂懾住。

※

一幅風景畫可以唱出讚美神的詩歌；一個軀體可以譜奏出歌頌聖靈的樂章。

※

成熟的表現：還包括孩子玩耍時那種萬里無雲的快樂；他認為與玩耍的同伴溶為一體，是理所當然的。

※

一種人類的親密關係——不為大地所拘束，卻是大地的祝福。

※

但願我能成長：更堅毅不屈、簡樸純淨——沈潛內斂、誠摯可親。

※

假使在各樣事情上，你都只按著自己的好惡選擇，你的人生就是植根在瓦礫之上了。

※

謙卑——來自別人對你的信心。

1954

「——黑夜將到——」

讓我完成那些已蒙允許並已展開了的事情。

讓我付出一切，不介懷有沒有收穫的保證。

※

杯的光榮在於杯內盛載的飲料；杯的謙卑在於端上桌的過程。那麼，杯身的瑕疵又何足掛齒呢？

※

尖銳辛辣、沙塵滾滾；卻又風和日麗、閃閃生輝。在工作的恆星照耀下，抱緊政策，按部就班。多少次的個人失敗，是由於對人與人之間處事的協調失去信心——一種在嚴厲之餘又不失溫和的協調。

※

身體的力量，全都集中在
　　握著舵柄的手上，
腦海的精力，全都投放在
　　超越水平線的目標上，
歇息的片刻，浪花撲向你的臉龐，

你笑了，
在新的浪濤還未打來前——
與那些和你分擔責任的人
共享快樂自由的一瞬。
就這樣——在全神貫注的忘我時刻——
門打開了，帶你進入一種純淨與活潑的親密，
一份共享的、亙古永存的愉悅，
正展現在一絲微笑，
一揮衣袖中。

謹此感謝那些教曉我明白這等事情的人。感謝那些教曉我明白這等事情的歲月。

※

那一刻，我發現那裏從來就沒有牆，那個「不為人知的國度」就在此時此地，並非他鄉他物。

原來，「奉獻」當在此刻此處，常常如是，處處如是——「投降」，使自己**成為**在我裏面的神把自己獻給自己的樣式。

※

只有在每時每刻都竭盡所能的人，才可奢求他在黑暗中隱沒前，暫時從邊陲退下來。敵人的哨兵是不眠不休的。

※

「信心是神與靈魂的結合。」

——十架約翰

信心：是不能理解的，更絕不能等同我們用來闡明信心的公式。

——*"en una noche oscura"* * 靈魂的黑夜實在太漆黑了，黑暗得我們甚至不會在那裏尋找信心。客西馬尼園的黑夜，連僅餘的朋友也睡著了，其餘的人則等著你垮台，而**神卻默然不語**，因為神與靈魂已深深結合了。

※

我們不再活著時，它卻生氣盎然，就由它以當事人或無所不知者的身分引領我們吧!——要察看、傾聽、關注在我們裏面的它；在黑暗與寂靜中，都可找到它的蹤影。

※

明天，你要彈奏一闋更艱澀的樂章——明天，觀眾聽到錯亂的音符時，你不會再有我在幕後了。你的真功夫如何，大家會一清二楚了。

※

犯錯該由我們來負責，成就卻不應由我們來韜光。人擁有的，不過是出賣神的自由。神愛我們，祂或許

* 這句西班牙文的意思是：在一個深沈的黑夜。

會……不錯，但我們的回應是自動自覺的。

※

你的責任是「去做——」：你卻不能通過「不去做——」來拯救自己。

※

壺裏出現裂縫？你並不理會，由得事情冷卻下來。

※

祢是創造我們成為自由人的，祢洞悉一切，也深知勝算在握，

這些時日，祢是我們當中要忍受最難熬之孤獨的，
祢——也在我裏面，
願我能背負祢的擔，當我的時辰來臨，
願我——

※

你儘管把自己看成例外的：然而，若是這樣，你就絕不可冀望能夠「安歇於創造世界的『寧謐』中。」

——卡林．博伊(Karin Boye)

※

身體：不是一樣東西，不是「屬他的」或「屬她的」，不是行動或欲望的工具。身體徹底的赤裸狀態——乃是人。

※

在那個圈子裏，我們經歷到權力以滿有意義、優美華麗的姿態展露自己。這時候，我們除了需要意義外，還需要卸去傳統裝飾的人間親密，只有在人類生命聖潔的光輝下，我們才會躬身敬拜。

※

血、垢、汗、泥——在你思慕的世界裏，它們的蹤影何在？無處不在——就在那片火焰猛然往上冒升的土地上。

※

「現在」是「過去」的子孫、「將來」的胚胎，卻常常存在於永恆中——常常是「時間」與不受時間規限的「信心」的交叉點；因此，也是不受「過去」和「將來」制約的自由時刻。

祢在我們之上，
祢在我們中間，
祢也是——
在我們裏面，
願人都看見祢——也在我身上看見祢，
願我能夠為祢預備道路，
願我能夠為一切將要發生在我身上的感謝祢，
願我也不忘記別人的需要，
保守我常在祢的愛中，

如同祢願意所有人也常在我的愛中一樣。
願我裏面的一切都指向祢的榮耀，
願我永不絕望，
因我在祢的手中，
而在祢裏面的是一切的權能和美善。

賜我清心——使我得見祢的面容，
賜我虛心——使我得聽祢的呼喚，
賜我愛心——使我能全心事奉祢，
賜我信心——使我能住在祢裏面。

※

那個「不為人知的國度」——是在神的手中。

再一次，你受到提醒：那就是留待你去活出來的一切——再一次，你感到失望：你的學習進度原來是這樣緩慢。

※

從沒有到達目的地。——背負更艱巨的工作，只表示你在這所學校就讀更高的班級；愈近終期試，就愈不為人知，因為那時候，你會**完全孤獨**。

※

是的，神會考驗我們——藉著「平等」或一切的美善；因為它們可以用作榮耀神以外的用途。祂對我們的期望愈殷切，祂賜給我們去完成任務的原料，就愈充滿危險。要感謝祂——祂的恩賜同時也是通往地府的鑰匙。

在你眼中是公義的，
懷著你的勇氣，
安歇在你的寧謐中。

※

「人能夠藉著與眾生談心而得益，但只有神才能叫人得著真正的享受。」這解釋了為甚麼沒有人能夠永遠都是別人快樂的泉源。

※

只要居住在「不為人知的國度」，你就是置身於塵囂之上，紅塵之外了——持守此道，應當是你的屬靈操練的第一誡命。

※

12月10日

「**神說了一次**、兩次，我都聽見：
就是能力都屬乎神。
主啊，慈愛也是屬乎你，
因為你照著各人所行的報應他。」（詩六十二 **11~12**）

※

12月25日

持守信心——勿踟躕不前！

※

12月30日

「我若展開清晨的翅膀，
飛到海極居住，
就是在那裏，你的手必引導我……」（詩一三九 9~10）

1955

「日光之下，哪有是白白賜予的，
擁有之物，哪有不是贏回來的。」
（瑞典聖詩）

魯米（Rumi）：愛神的人並無宗教，只有神。

「靈魂的目光愈是專注純淨，就愈能發現自己潛藏的力量。然而，甚少有完全自由的靈魂，不受內心隱祕的欲念玷污。因此，務要竭力追求靈魂的專注純淨，鍥而不舍，直至它的目光變得全然的簡單直接。」

在一塵不染的桌布上，最微小的污垢也會相當刺眼。在巍峨的高地上，剎那的自我放縱也可能帶來死亡。

「對純潔的人而言，一切也是純潔的。」假使人要作出妥協才能達到純潔的地步，那麼他的追求本身就已不純潔了。這種事情並無程度之分。

「怎麼！**他**竟試圖來教訓**我**！」——有何不可？有誰不能成為我們學習的對象？神會藉著不同的人説話，在祂跟前，你老是停留在幼兒園的低班呢！

※

謙卑伏在祢的膝前，憑信與祢同在，躺在祢的懷裏，安享平靜。

※

噢，你又再替自己作主，墮入混亂的狀態了。每當神的手不在你的頭上，你就這麼混亂不堪。

他曾經在神的手下存活，不再茫然所知：一瞬間受不住誘惑，他就完全感受到那股巨大的、爆炸性的毀滅力量。

然而當他舉目仰望穹蒼時，整個人就剛強無比，心內迸發著在他裏面的神的力量，因為他正活在神裏面——他變得堅強而自由，因為他的自我不復存在了。

※

沒有捍衞信仰的殉道者，理性和社會的良知又怎會進化出來？事實上，要不是那些在神面前完全忘我的人，不止息的把活水注入這種良知的大川小河，又怎會有不死的良知？深淵上空的繩索，由一羣堅守信仰的人牢牢握著，正是這羣忠於那個永恆而終極的犧牲的人，把繩索接上天堂。

那些靈魂已與神結合的人，被稱為世上的鹽——鹽若失了味，他們就有禍了。

※

說一聲「是的」，永不會比替人辯護困難，特別是環境不容許你趕去替他辯護，而他又心思單純，在面對攻擊時無法自衛。

※

工作的日子要在神裏面，才會是真實的；在工作天，惟有那些能夠讓你在神面前變得真實的，才是你真實的詩歌：只有在神面前成為真實的個體，詩歌對**你**才是實在的，藝術才是真確的，而你再騰不出時間消遣了。

※

你的地位從來沒有授予你發命令的權利。它只交付給你責任，好使你的生活方式，不會使別人在接受命令時感到受侮辱。

※

你昔日所犯的錯誤，會導致你的人際關係出現問題——假如有迹象顯示，現在的你將要重蹈覆轍。

※

只有一種尊嚴是真實的，就是那種不會因為別人的冷漠而有所減損的尊嚴。

※

有一種自我膨脹的信心，較自我膨脹的智慧更無可寬恕、危機四伏。這種信心揭露了一種分裂的人格，意圖把信心加以「觀察」和評價，因而抹煞了人「向自己死」後所產生的那份完整性；而那正是信心的真義。所謂「評估」信心，即是把信心當作形而上的戲法來把玩，戲法的好處自當留待屬靈精英享用！

※

隻字片言，凝結成禱告，佔上了一道永恆的波段；即使我們心不在焉，對話也得延續下去。

※

把這幢房子布置成你的第二個家，就好比粉飾一個墳墓：你知道你永不會**居住**其中——在你明白那是怎麼的一回事後，亦不會居於其內。

在過往的日子，死神只是宴會的一位常客。現在，在宴會桌上，他正坐在我身旁：我必須跟他打交道。

※

回想已成為我生命的阿里阿德涅（Ariadne）線團，助我憑藉敏銳的洞察力，走出迷宮——一步一步的，一天復一天——此刻，直覺的回想讓我曉得，終站愈來愈清晰，彷如明晨可預見的工作。

※

「聆聽」——憑著信心——尋找路向，同時感受到在神的引領下，重尋事物的滋味。

彷彿玩捉迷藏的遊戲：蒙上眼睛後，為了補償視覺的損失，我盡量提高其他官能的靈敏度。當我摸索前行，指尖碰到朋友一張一張的面龐時，我加深了對自己的認識，因而發現了我向來擁有的，以及在那兒一直存在的東西。原來即使我的眼睛沒有給手帕蒙蔽，那些東西一向都在那裏！

※

在夢中：碰上一個較早年的經歷，當中的現在、過去、將來擁有一定的因果關係，情景就跟現實生活的並無兩樣——可惜，那只不過是在夢中的因果關係。

※

7月29日

金碧士：你為甚麼要尋找休息，你生來就是要從事勞動的。

※

羞愧與感激交雜：為著種種虛榮、善妒、自滿，我感到羞愧難當；為著種種僅僅是動機（絕不是成就）就已給予我的權利，心中不勝感激。

有時候，神容許我們領取為祂工作的功勞；有時則要我們黯然退下，進入祂孤寂的國度。只要我們沒有胡亂撥弄公義的天平，神會帶著諷刺的微笑，觀看我們在舞台上一幕又一幕的鬧劇。

※

「屬祢的……」要遵從一個旨意，其中無論怎説「我」也不是目標——既是犧牲，又是釋放。

「命中註定……」——要委身一個任務，相比於自我尋求一些絕不會有絲毫價值的東西——是報酬，或代價。

※

你不大懂得聆聽，而閱讀能力更糟；除非談話或書本的內容是關乎你這個人的，你才分外留神。你真的這麼細意觀察自己麼？

※

8月1日

「神説……」
前數行的經文是：
「下流人真是虛空；
上流人也是虛假；
放在天平裏就必浮起；
他們一共比空氣還輕。
不要仗勢欺人，
也不要因搶奪而驕傲；
若財寶加增，不要放在心上。」（詩六十二 **9~10**）

「耶和華啊，榮耀不要歸與我們，不要歸與我們，要因你的慈愛和誠實歸在你的名下。」（詩一一五 **1**）

內心煩躁不安嗎？原因最是明顯不過吧？你鬼鬼祟祟地為自己求榮耀的當兒，你的軟弱再也不能轉化成堅強的力量了。你於是「墮進試探」裏，失去了堅定不移的信心。要持守這種信心，你必須肯定地對命運説「是」，因為這種堅定的信心決不會建基在謊言之上。

※

你還要靠勾起自招羞辱情景的回憶，來撲滅悶燃著的自戀火焰嗎？

清心的其中一個意思，是要做到徹底的不折不扣，務要擺脱：那種使你成為眾人焦點的腔調；那種只知悄悄屈從肉體需要而忽略靈魂渴求的態度；那種在別人的軟弱時刻所產生的自義反應。

每當你渴求別人讚美你，或你意圖論斷他人時，先照照**那面**鏡子吧，卻不要掛上絕望的臉容！

※

每日都活在神之下，仍不足夠。最重要的，是只**活**在神之下，忠心不二：稍一分神，不僅會滲入漫無目的之空想，還會攙雜了所謂無傷大雅的閒談、無傷大雅的自誇、無傷大雅的怨恨——各式各樣死亡本能有損大體的小衞星。

「但我該如何愛神呢？」「你要把祂看作非神、非靈、非人格、非物質一般的愛祂：認定祂是那獨一、純全、絕對的完整個體（在祂絕無二元的痕迹）來愛祂。我們進入這位獨一的祂裏面時，要容讓自己不斷從存在沈落為非存在的狀態。願神幫助我們。」

※

你全心全意做這項工作——因為在那個尚屬原始的宗教膜拜祭禮背後，是一個神聖的動機。那只不過是人類雙手的拙劣的創作——而你卻要獻上一切，為了圓這個人類的夢想，因為只有它可叫夢想成真。

※

他開闢了新的天地——因為，只因為他勇於往前走，不用問別人會否跟從，甚或理解。他不用其他人分擔責任，藉此來避過世間的恥笑，因為他獲賜予了不需求確認的信心——他與現實的接觸，既輕柔又深刻，有如觸碰情意綿綿的手一般：這是一種只有自我降服而沒有自我毀滅的美妙融合。在這種融合中，他的心眼晶澈清明，他的心思充滿深情。在烈日與疾風下，多麼接近又多麼遙遠——這跟有識之士所謂的神祕主義，不可同日而語。

※

自從你察覺到一項工作是整體圖象中不可或缺的一部分那一刻開始，它就變成你的責任；惟獨是整全的大局，才能賦予人承擔責任的權利和義務。

※

有影響力的行為風格，是需要某種頑強性；即使在讓步的行動上，也會異常頑強有力：你對自己必須嚴厲，才有權對別人溫柔。

※

「那些帶有受苦瘡疤的人，那些曾看見——」
你喜歡的話，儘管進入他們的意識世界，向他們學習，而又不用承受艱苦磨練的苦楚——邊看邊聽，好比甚麼都「沒有」的人，向「連他所有的，也要奪過來」的人學習。

※

科學家只把經證實後毋庸爭議的事情記錄下來。同樣道理，只有個人獨特的經驗才值得書寫下來，供人借鏡。同樣道理，探險家只會留待其他人花時間記下土著的古怪習俗，或諷刺同行旅伴的癖好陋習。

當真如此—那你做的是甚麼呢？

※

唉，教人多疲累！到了真正由我們來演出的部分，偏要扮演不是屬於我們的角色：你為了完成任務而必須擔當的角色，一定不能讓其他人洞悉，好讓他們容許你去完成任務。教人多麼疲累！——偏偏無可避免，因為人類早已訂下社會行為的集體法規了。

※

在培育人類的知性、感性和道德情操的訓練中，第一條誡命是要**尊重言語**。

尊重言語——務要慎言，並要夾著對真理摯誠不朽的追求——只有這樣，社會甚至乎全人類才得以進步。

濫用言語，就是藐視人類。這不僅會拆毀橋梁，也會荼毒井口，使人類在進化的長軌中開倒車。

「但我告訴你們，凡人所說的閒話……」

※

11 月 19~20 日

低雲深處，光暈淹沒。飄雪紛飛，飲下蒼茫暮色。寂靜籠罩大地，樹枝環抱著我，在無邊的寧謐中。四野的界限迷濛不清，再度驚覺：**我**竟存在。

※

「有關人如何進入平靜與和諧之道——？」箇中道理十分簡單，於是常被視為矯飾造作、陳腔濫調的言論。然而，我們的言行舉止無時無刻都拒絕接受這些道理。例子俯拾即是、天天新款。

·多省察自己行為所持的理據，較發掘別人行為的動機重要。
·別人的「面子」，較自己的重要。
·如果替別人提出請求之餘，你同時在覓取自己的好處，就別冀望成功。
·要找出緩和衝突的解決良方，除了要懂得客觀地分析別人的立場外，還要主觀地體會對方的難處。
·「愛人」者必然徹底戰勝那些鄙視人類的傢伙。
·一切親身的經歷都是珍貴的；那些放棄尋覓親身體驗的人終會發現，他們缺乏了自己需要的東西：思想封閉本身就是一個弱點。一個人跟另一個人或一幅油畫或一闋詩歌接觸時，要是喪失了朝氣勃勃的雄心，不再渴求掌握一種新的語言，從而參悟其他人對生命的看法，這個人就要當心了！

· 一個成功騙取人信任的謊話是雙重的謊言；一個有待更正的錯誤是沈重的包袱，比真理更叫人吃不消：只有絕不妥協的「誠實」，才能叫人正氣凜然；即使在最邪惡的環境中，你都應該期望有不死的正氣。
· 外交「手腕」一定不能是懼怕不受歡迎的修飾語：這無疑等於犧牲真相，以換取具影響力的表象。

※

常常逃遁，
常常**等待**。
準備就緒——甚麼時候我會碰上我的——
影象——那些隱蔽地連繫著的影象。
在創造著或在毀滅著？——在生命中，在
夢想中，
在藝術中。

※

*Le courage de nos differences.** 求同存異，勇於接受人與人之間的分歧——不卑不亢，又不會變得不負責任。正是那些「新的元素」；拯救了或背叛了人類。

※

* 這句法文的意思是：接受分歧的勇氣。

即使在最頻繁的活動中，也會浮現不真實的感覺，並在你那個從不「走近」別人的心靈中回盪。

耳熟能詳的童話故事：惟有人間的真愛，澆灌在被變成隱形或野獸的人身上，才能使其回復人形。

※

一個妒意甚濃的夢，它拒絕與任何人或事去分享你：人間最偉大的創作——人類的美夢。

在這個人間最偉大的創作中，個人最崇高的夢想是要捨去自己。

因此：為圓這夢，就是為此而死，為此受辱，也當歡欣雀躍。

因此：要寬恕，又何難！

※

「你是行奇事的神；你曾在列邦中彰顯你的能力。」(詩七十七 **14**)

※

賣弄風情——就是在留意自己賣弄風情的模樣時也離不開那副賣弄風情相。

※

沼澤泉旁，獨自佇立，再次觸碰自己的孤寂——伴我同行，如影隨形。偶爾的友誼潤澤，或可稍微遮蔽孤寂的赤裸，卻無減其繾綣癡纏。

然而，泉水淙淙。守望之責，不假他人。

※

說真的，在峽谷上空，最容易的莫過於從一把繩梯踏進另一把。不過，在夢境中，你卻不能勝任，因為你的腦海老是盤旋著失足跌下的情景。

※

阿拉廷（**Aladdin**）——你這個帶著運氣的人無論付出了多大的代價，對那個你認為是喜樂的源頭來說，都算不得甚麼；而對於羣眾來說，那純屬你的「僥幸」。

※

你聲稱自己擁有某些事物，而那些事物卻是恆久不滅的，這豈不是對你的宣稱充滿諷刺的一個註腳？

12月24日

「神啊，祢是我的神……

在乾旱疲乏無水之地……我在聖所中曾如此瞻仰祢，為要見祢的能力和祢的榮耀。」（詩六十三 **1~3**）

※

兩個似曾相識的模糊概念，到了近日我才領悟箇中的深遠意義。

藉著感官，
但超越它們。
如在咫尺，
縱相隔甚遠。
羞怯而深情的注視，
心意互通——在四目交投的一瞬。

此外：
愛人者渴望被愛者完美無瑕——要臻至完美，被愛者必須先從愛人者中釋放出來。

※

神要求我們獨立自主——只要「跌」回神的懷抱去，不再靠自己苦苦掙扎，我們就能成為獨立的人了。

※

12月25日

「可是，他們嘗到神的大能時（不管是經歷了神自己，還是經歷了神手所作的工），卻同時察覺到在受造之物與創造主之間、在時間與永恆之間，有著無限的距離……神啊！請祢照亮我的靈魂，讓它在祢裏面找到自己的生命和喜樂；不斷啟導它，直到靈魂深處樂不可支，只曉得盡一切的力量、盡一切的意志倚靠祢，不離不棄。」

※

祢提起筆——詩行凌空飛舞；祢拿起笛——音符閃爍耀目；祢執起畫掃——油彩繞梁飄盪。唉，在祢存在的那個超越時間的空間裏，萬物各得其所，美態盎然。我又怎能有所保留而不獻上一切？

※

在夢中，我與神同行，深入創造的不毛之地；越過一堵一堵倒退的牆、一闡一闡打開的門、一室又一室的寧靜、漆黑、清爽——那是棲息於光明和溫暖的靈魂的居所——直至我與神到達了無限地帶。在那裏，我們一起流來流去，重新活著，就像一圈一圈的漣漪，隨著雨點打落在廣袤而平靜、幽暗的水面擴散開去。

※

那份禮物燙傷了你的手，因為它一定是遠超於施予者的財富實力的。這種把「經濟」考慮置諸不理的態度，就如火焰般把你燒傷了；它的出現使你再也不能不承認自己的謹慎，不過是自以為是的世俗智慧：就算是施贈最小的禮物，你也必須**全心全意**，獻上所有。

※

他「自命不凡」的作風不獨惹你發怒，而且使你背叛了自己的性格：**事情就好像必然是**他若升高，你必下降。要選擇對手。選錯了，你連多想一會也受不了；碰上合適的對手，你必須幫助他們，要助人助己，儼如在沒有張力的競賽中。

要繼續成為接受者——存謙卑的心，且要保持靈活變通。

要繼續成為接受者——存感恩的心。為著被**允許**聆聽、觀察、了解事情而心存感激。

※

人的野心愈是雄勃，往下跌倒的景況就愈是悽慘，兩者有著微妙的因果關係。

※

一個人回應了「滿有可能性」之真道的呼喚後，必須接受寂寞的煎熬。這種寂寞的確能把你帶進更親密、更深入的契合，勝過二人成為一體的交融；但是你的血肉之軀不會輕易受假象蒙騙：為了跟從那個呼喚，你否定的無論是肉身的哪些要求，一旦你放棄跟從時，你的肉體就會用不同的方式討回權利，不容你有選擇的餘地了。

不是我們去尋找真道，乃是真道來尋找我們。正因如此，你忠於此道，即使光是站著等候，也矢志不渝；只管**準備就緒**，號令一來，立即付諸行動。

※

在很多事情上，只有輕鬆、有趣和抽離的話語才能表達極度的嚴肅；這類談話，你或許可從一些深切關注人類各種需要而又不藉此謀求或維護個人利益者的口中聽到。

※

暴行——不論規模大小，總是離不開那個苦澀的弔詭：有意義的死亡——及無意義的殺戮。

※

在日光與靜穆下，在澄瑩碧綠的水面，你瞥見海底的怪物在礁脈叢中翩翩起舞。那你就心怯了麼？緩緩推進的波浪，蓋掩水底萬千世界，難道這種情景反而叫你較為安心？

※

你看透他，猶勝他自己。你把所見的一切描述出來，他卻拒絕接受你的詮釋；他如此斷然否定你的說法，是否因為他真的對自己的性格瞭如指掌？

※

「神祕的經驗」。就在**此地此時**，常常如是——享受著與距離合一的自由、由寧靜誕下的寂穆。然而，這是一種行動中的自由，人羣中的寂穆。所謂神祕，對活在世上而又超脱自我關注的人來說，是時刻經歷的現實——一種在時刻更新的同意下愈趨平靜與成熟的現實。

在我們的年代，成聖之路必須途經行動的世界。

※

*Il faut donner tout pour tout.**

* 這句法文的意思是：要捨棄一切，才可取得一切。

1956

聖父啊，**在祢面前**，

　　稟公義，謙卑俯伏；

聖子啊，**與祢一起**，

　　憑信心，奮勇向前；

聖靈啊，**在祢裏面**，

　　全仰賴，屏息靜氣。

全屬**祢的**——因為**祢的**旨意就是我的命途，

盡心盡性——因為我的命途必須按照祢的旨意，讓祢使用，由祢用盡。

※

這些日子，我躑躅在回憶的軌迹上，左搜右索，忽然遇上——蒙娜麗莎的微笑。

那是在她死去一小時後給我看見的——隱祕的影象、靜默的確信、恬靜的喜樂——那一刻我看見了，彷彿明白了。

※

全賴你的「成功」，你現在有東西可供失去。正因如此——彷如倏忽間感到危機近在咫尺——你質疑究竟有沒有人（包括你在內）能夠「成功」。你如果繼續這樣糾纏下去，環繞著一則訃聞漫無目的地苦苦反省，不久，你就可以——在兩層意義上——撰寫自己的墓志銘了。

※

盡力而為——手上的工作就會愈來愈輕鬆，以至你能夠騰出心力，靜待更嚴峻的考驗隨時降臨。

※

清晨的清新消散，中午的疲憊嶄露，大腿的肌肉抽搐，步伐漸見緩慢，目標遙遙無期……霎時間，彷彿事事違願——那時候，你一定**不能**猶豫不決。

※

孩提的異夢：破鏡重圓，覆水回收；寬恕就是那根神仙棒。這個夢解釋了我們為甚麼必須被寬恕，又為甚麼要寬恕人。神臨在時，在我們與神之間沒有屏障——我們**已被**寬恕。但我們如果容讓自己與其他人之間存有障礙物，就**不能**感受到祂的臨在了。

※

——不要叫我們進入試探，
救我們脫離邪惡之事：

願我身心靈的一切都來事奉你，
好叫一切恐懼憂慮不再纏繞我。

※

你敢於說「是」——而領悟了一點真諦，明白何謂意義。

你重複說「是」——一切事情就著上邊際，找到意義何在。

每一樣事情都有了意義後，你怎可貿然生活，除了肯定地說一個**是**字。

※

3月21日

「那時，非尼哈站起，刑罰惡人，
瘟疫這才止息。
那就算為他的義。」（詩一〇六 **30~31**）

※

有些行動——只有信心才可證明是正當的——可以把我們提升到另一個領域——「君權、治權、國權」的戰場。這些以仁慈為出發點的行動，為**一切**權力定下界限。

「因為祢聖潔的生命是我們的道路，祢叫人崇敬的忍耐是我們靠近你必經之途。」

※

3月29日

「……他們雖至於死，也不愛惜性命。」（啟十二 **11**）

還有：

「但在你有赦免之恩，要叫人敬畏你。」（詩一三〇 **4**）

儘管這樣——正**因**這樣——客西馬尼。

※

3月30日

第三個時辰。第九個時辰。——他們**在此**。就在**此刻**。他們**正正**此刻在此！

「就是到了世界末日，基督的煎熬也不減當天。在那個時刻，我們切勿睡著了。」

——巴斯噶（Pascal）

我們切勿——停止守望。在遙遙的今天，基督活在我們中間，活在緊隨基督腳蹤、至死不渝的人身上；他們帶著那條內在道路的印記：

愛心與忍耐，
　　公義與謙卑，
信心與勇氣，
寂與靜。

基督在他們的身上死去，無時無刻。

※

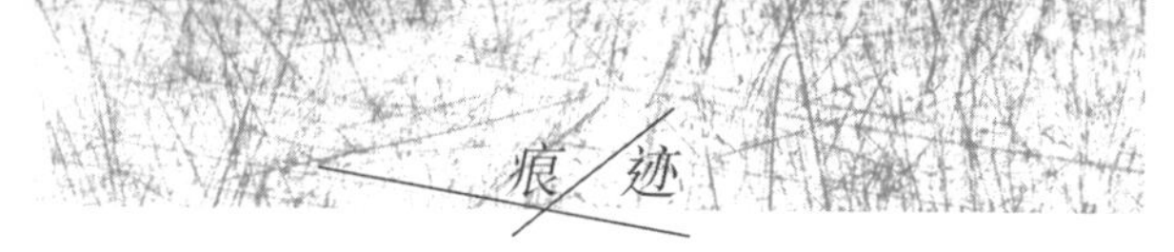

4月8日

「你眼前有偶發的、非必要的旨意：也有神祐的、富創造性的慣常旨意。神從不也永不會把自己獻給一個和祂本身旨意相違的旨意：祂找到了祂的旨意，祂獻上了自己。」

——埃克哈特

※

4月22日

了解——通過寂靜
行動——來自寂靜
征服——在寂靜中

「為了要察辨色彩，眼睛必須脱去本身的一切色澤。」

※

要像神一樣的愛生命和人——
因為兩者都有無窮盡的潛在可能，
要像祂一樣的等待，
要像祂一樣的判斷
而不是論斷，
要服從發下的命令
而永不回頭——
然後，祂才能用你——然後，**或許**，祂會用你。

要是祂不用你——那又何干。在祂的手中，每一分秒都自有其意義、偉大、榮耀、寧謐、共同內存性。

這樣看來，「信神」就等於信自己，這是不顯自明、「不合邏輯」、不能名狀的道理，好比說：假如我能夠是，那麼神就**是**。

※

「幸福愉快的心境，是要在那個人所共有的自我中尋找的。」

※

一闋詩有如事迹一宗，評審者每每把它視為作者性格的彰顯。這種評審角度絕無漠視了審美標準裁定的美感，只是還考慮到詩歌或事迹的真實性，察看它們是否跟創作者的內在生命一致。

※

「風隨著意思吹……

凡從聖靈生的，也是如此。」(約三 **8**)

「光照在黑暗裏，

黑暗卻不接受光。」(約一 **5**)

如風一般——在風中，隨風而行，**從風而來**。從風而來就如揚帆起航，柔和而強韌，縱然要傾側平臥以適應風向，也會全然借助風力，不改航道。

如光一般——在光中，由光照明，轉化成光。有如眼球的晶狀體，在對焦的當兒消失在光中。

如風。如光。

單單如此——在一片片廣袤的原野，在一處處巍峨的高地。

※

在奧爾穆茲德(Ormuzd)向阿里曼(Ahriman)* 挑戰的場地，趕逐狗隻的人徒然浪費時間。

※

為成功歡呼不等於藉此邀功。不容許自己前者是偽君子的行徑，且抹煞了生命的價值；容許自己後者則是自我放縱的幼稚表現，完全桎梏了個人的成長。

超越順服，定睛注視目標——擺脱恐懼。

超越恐懼——開放生命，

再超越——就是愛。

下一步該怎麼走？還用問？下一步你會面對一個要求，要知的一切你已知道了：惟一要估量的，是你個人的能耐。

---

* 奧爾穆茲德是瑣羅亞斯德教中善的化身。阿里曼則是祆教中惡之神。

為自己辯護——與制度建構者抗衡：

你「個人」的生命不可能有恆久的內在意義。它可以有偶發的意義，但必須配合或依附於一些「恆久」而本身有意義的事物。這些事物豈不就是我們談及「生命」時嘗試識別的東西？生命的細小片斷能叫你的生命有意義嗎？

所謂「生命」存在嗎？尋找，就尋見，並經歷「生命」的真實性。「生命」有「意義」嗎？經歷到生命的真實性時，這個問題就再無意義了。

尋找——？要尋找，就要勇敢地躍進無條件順服的心靈狀態。受挑戰時，更要勇敢地跨此一步，因為只有挑戰的亮光，才可照射抉擇的十字路口，使你充分認識自己的選擇，不再戀棧自己的個人生命——義無反顧地背棄它。

你會發現，「在這種模式下」，你的心靈釋放了，不再受制於「與大夥兒」聯羣結隊的需要。

你會發現，不論把意義活出來的條件是甚麼，「生命」的各種意義，其實已藉著你這樣的順服而給予你了。

你會發現，憑著那種不斷説再見與時刻自我降服的自由，你所經歷的現實有種標誌著自我認識的純淨和澄明。

你會發現，真正的順服仗賴一股不斷更新的意志力；你要是容讓個人生命的任何東西悄悄溜回中心，就註定失敗。

※

委身於「偉大」的工作，遠較日常生活的容易——因此，前者很容易叫我們對後者關上心門。一顆願意作出終極的犧牲的心，或許帶有「硬心腸」的特色，甚至會成為一副徹頭徹尾的「硬心腸」。

你以為，別人無論怎樣讚賞你的成就，若然你不認為那些成就該歸功於你，你都會不以為然；又或者，你的虛榮心作祟時，你會時刻警惕自己，這簡直是譽過其實。你以為自己真的能夠處之泰然——直至某一次，他試圖「突出自己的重要性」的無知舉動，竟叫你妒火中燒，你自負的一面立時無所遁形了。

談到硬心腸——以及它如何微不足道——倒不如張開眼睛，翻閱那部由我走過的日子寫下的書——細心學習。

※

6月4日

「因為他說有，就有，
命立，就立。」（詩三十三 **9**）

※

6月10日

知道「為甚麼」而後培養出來的勇氣真是微不足道；相對來說，在叫人感到最可恥最丟臉的磨練裏，一顆義無反顧的心展現出來的那份默默無聲的英雄氣概，才是勇者的表現！

他是多麼深受神祇的寵幸呢！每次他的性格受到考驗時，付出勇氣對他來說總是有意義的——甚至會帶給他實質的獎賞。他對自己潛在的軟弱懂得何其小！他又何其容易墮入自我戀慕的陷阱中，深受蒙蔽呢！

※

「憑著信心——不要躕躕不前。」此外：不要懷疑。「信心是神與靈魂的結合。」**藉著**靈魂，確信神的全知：在神凡事都能，**因為**信心可以叫山脈移動呢！

※

委身於「偉大」的工作，很容易叫人忽略了「微小」的事情。然而，你如果不能跟少數身邊的人謙誠以待、融洽相處，又怎能為大多數人做出有意義的事情來？沒有了這些和諧的人際關係，你會處身於抽象的世界

——在那裏，你的唯我論、權力欲、死亡意願會不斷膨脹，因為它們碰不到「愛」這位較它們強勁的對手。愛假如沒有對象，只會是自我降服釋放出來的力量，只會是一種升華了的、超出常人的自我肯定。這種愛，絕不能制衡我們內心的負面力量，因為只有人世間的親密接觸與情感交流才能把這些力量加以化解。誠然，使一人得益，比「為全人類犧牲自己」，較符合心靈健康的原則。不過，對成熟的人來說，兩者卻無衝突，毋須二擇其一；它們不過是自我認識的兩個層次，兩者相輔相承，是同一抉擇帶來的結果。

※

「獨不想一個人替百姓死，免得通國滅亡，就是你們的益處。」（約十一 **50**）

「誰擁有這種偉大的力量：了解自己而不推諉不變節，**然後躬身力行**，誰就可以直抵自己命途的終站。」

※

勇氣？假使到了一個境域，惟一有價值的事情是人對自己的忠誠，那勇氣這個詞就再無意義了。——「他勇敢嗎？」——「不，只是合乎情理。」

※

「守望的啊，夜裏如何？
守望的啊，夜裏如何？
守望的說：
早晨將到，黑夜也來。」（賽二十一 **11~12**）

「耶和華說：『我若在所多瑪城裏見有五十個義人，我就為他們的緣故饒恕那地方的眾人……求主不要動怒，我再說這一次，假若在那裏見有十個呢？』他說：『為這十個的緣故，我也不毀滅那城。』」（創十八26、32）

「你們被交的時候，不要思慮怎樣說話，或說甚麼話。到那時候，必賜給你們當說的話；因為不是你們自己說的，乃是你們父的靈在你們裏頭說的。」（太十19~20）

終極的經驗是人類共通的：

「惟獨天地之間最絕對的真誠才可使天賦的才能發揮至盡，把盛載才能的酒杯全然倒空。能夠完全抹淨自己酒杯的人，也能夠幫助其他人發揮才能……這種淨化的活動並無止境，不停止也不停留……它跟太陽共存於冥冥上空，觀看、判斷；又超越時空限制，沒完沒了的搜索、包容……不見其迹，卻使物和諧；不須移動，卻帶來變化；無所為之，卻成就一切。」*（引自子思，而非埃克哈特的言論）

---

*奧登依據的瑞典語文字，相信是譯自子思的《中庸》，不過內容有點出入。因此，譯者先在正文把奧登的英語譯成白話，然後在註釋部分列出相關的文字，供讀者對比參考：

《中庸》〈第二十二章〉：「唯天下之至誠，為能盡其性；能盡其性，則能盡人之性；能盡人之性；則能盡物之性；能盡物之性，則可贊天地之化育；可以贊天地之化育，則可以與天地參矣。」

Semina motuum*在我們裏面的創作本能已變成了意志。要如樹木般長得青葱茂密，我們必須進入恬靜的自我統一境界。在那裏，我們創作的意志重新轉化，變回本能——埃克哈特的「慣常意志論」。

「——直照本心，明心見性——
(如參照聖父形象的反省)
——察看眾生，以情觀照——
(如效法聖子的行為)
——天下為公，棲息其中」
(如與聖靈的契合)

我們的道德經驗好比終極的經驗，是人類共通的。儒家的道不也是「三而一」的真理嗎？

※

懷抱祂的愛心——祂曉得一切，
持守祂的忍耐——永恆的忍耐，
稟承祂的公義——祂從不失信，
學效祂的謙卑——祂屢被出賣。

※

《中庸》〈第二十六章〉：「故至誠無息；不息則久。久則徵，徵則悠遠，悠遠則博厚，博厚則高明。博厚所以載物也，高明所以覆物也，悠久所以成物也。博厚配地，高明配天，悠久無疆。如此者，不見而章，不動而變，無為而成。」

* 這兩個拉丁文詞語的意思是：動力之源。

7月29日

8月16日

「我若不信在活人之地得見耶和華的恩惠，
就早已喪膽了。
要等候耶和華！
當壯膽，堅固你的心！」(詩二十七 **13~14**)

「但是如果在你一個真理上除神之外找不到別的安慰；那麼，祂必會安慰你。」

「擁有那道光（即隱藏的神）的人，將會處於悲慘的境況——：他不可能再採用『中庸之道』，作為生活的準則。他必須恆常在互相排斥的要求下過活。」……

——朱利安・格拉克：《流沙之岸》

(Julien Gracques: *Le Rivage des Syrtes*)

「在這種絕對真誠的過程中，人能夠對將要發生的事情有所認識。」

※

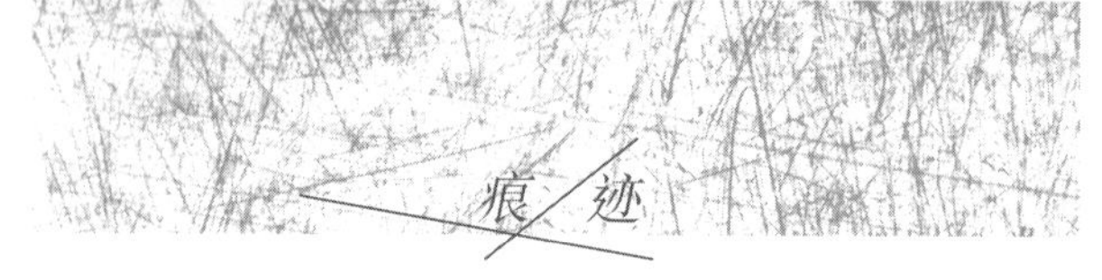

「我不能去醫治我病人的身體，但我把自己的專業忘掉，為他的靈魂向神禱告。」

——托馬斯·布朗：《醫生的宗教》

(Sir Thomas Browne: *Religio Medici*)

「我們身上帶著那些出於我們，卻沒有我們的神蹟奇事。」*(同上)*

對於尋覓天國之道的人，那是回響著人生真諦的說話，蘊藏了**一切**工作的真理。

※

8月26日

忐忑、忐忑、忐忑——

為甚麼？

因為——機會臨到，給予你創造的責任，你就心滿意足地配合這一刻的要求，日復一日。

因為——急於博取人家好評，同時又恐怕其他人可能「成名」而心存妒意；你把心靈的層次推下來，只顧猜想自己一切表現和作為的結局。外表雄才偉略、誠實可靠、滿懷雄心壯志的人，背後竟可以是一潭死水！要為你的忐忑不安感恩，因為它揭示了你裏面還有生命！

※

現在，你已經兩次待他不公了——縱然你是「對」的；更確切的說法是：你本著自己擁有的權力，自負驕橫，跺步而行，每一步也把他踩痛。

※

「——與祢同在：憑著信心和勇氣。」
非也——乃是在**自我否定**中，投上信心和勇氣。

※

8月30日

埃里克·林德格倫(Erik Lindegren)：
「要捆綁『捆綁』。」畢竟，這是信心的問題。

「要束縛『束縛』。」這是你該持守的觀念——假使配稱其名的人類要生存，這個觀念一定要取得勝利。

你務要耗盡全力，把這個觀念發揚光大——而不是把精力耗盡在人的工作上；雖然它剛剛給予你責任，以及由責任衍生出來的機會，讓你的工作更上層樓。

認識到這一點，你應當了無牽掛。別人誤解你的決定而批評你，儘管一笑置之；別人誤以為你的意見是「理想主義」而嘲弄你，儘管不以為然：別人把你奉獻生命的種種表現譏諷為對死亡的宣戰，儘管仰天長嘯。

然而，是這麼容易麼？不——你愈是對一些動機不明的人心胸狹隘，人家要是詮釋你的工作不留餘地，你就愈是不堪一擊。

只有在某一個層面，你才是你能夠成為的人。只有朝某一個方向，你才是自由自在的。只有在某一點，你才可置身於時間之外。「星期天的小孩」的運氣很簡單：他正正能夠在那一點、那一個方向、那一個層面上巧遇自己的命運。

今天的鏡子映照出兩種個性特徵：

雄心勃勃——也許本身不是錯誤，但它跟驕傲或自憐不過一步之隔！

死氣沈沈——並一副喜樂殺手的模樣。

※

肌肉已停止抽搐，但神經還未鬆弛，形成了在真空裏空吸的情景。肉體的情欲趁此良機，盡情披露靈魂的孤寂。

※

「一時得令」的人，滿懷自信，在我們中間高視闊步，耀武揚威。你又何必憤憤不平？就讓他們沈醉在那個層次的勝利吧！

※

生活在屬於不正常人的那個深沈而潛流的水底世界——無論在洞見、感受、精力上，都是不正常的。那麼，要小心兩重危機——往下沈與向上浮：你讓身子下沈，降至「真正人性」那條清晰水線之下，還以為那才是自然的狀態；你在「優越」的真空狀態中，還執迷不悟地揮動旗幟。

處身於這種不正常人的境地，務要保持「愛心、忍耐、公義、謙卑」，就是為了自己的寧靜和舒適，你也必須如此。

※

11月1~7日

「我必安然躺下睡覺，
因為獨有你——耶和華使我安然居住。」(詩四 **8**)

「你當默然倚靠耶和華……
當止住怒氣，離棄忿怒；
不要心懷不平，以致作惡。」(詩三十七 **7~8**)

※

每一時刻
四目交投
懷著這份愛
靜觀一切
但細察
在忍耐中
公義之事
但不譴責
若彼此目光
在謙卑中
互相反射

※

正當明亮之星、早晨之子第一次慶賀自己行為美麗純真時，他旋即淪為邪惡的工具。

※

隨著棉線穿梭於織網之間，我們十根受著引導的指頭已經在不知不覺間創製了一個花樣。

※

11月17日

我設計的——如果有的話：

*Numen semper adest.**

在這種情形下：假如感到不安——原因何在？

※

工具是何等卑微！——因為稱讚是朝著造它的手而來的。

※

從不公義出發——怎說也不公義。
從公義出發——怎說也沒有不公義。

※

有人把織機的梭子放在你手中：他就是那個早已把線團安排妥當的人。

※

* 這句拉丁文的意思是：神明常在。

11月25日

你若獻上一切，但留住生命，
那算甚麼禮物，只是徒費勁。
——易卜生：《布朗德》(Ibsen: *Brand*)

※

11月29日

福克納(Faulkner)：我們最終的願望，就是在牆上塗上我們的「基爾羅伊在此」。*

敵人的最後一著。對於在我們之上、超越我們的事，人可以全無保留地犧牲自己——同時**還**希望曾作出的抉擇日後會與自己的名字掛鈎；或最低限度，後世的人會明白我們為甚麼又如何作出那些行動。有時候，人為著不能完成任務而鬱鬱寡歡，就好像是由於：失敗使我們一切的努力煙消雲散，不被紀念。

哦，矛盾！哦，最後的掙扎！倘使單憑目標就能夠使犧牲成為大義凜然的話，那麼，你怎能老是算著後人會不會把你的努力與你的名子連在一塊？倘若你不能擺脱這個宿願，那你的行動背後，豈不顯示了你還在眷戀著那個「留芳百世」的幻夢？

※

*基爾羅伊乃神祕虛構人物的名字。在第二次世界大戰期間，由於美國士兵在世界各地的牆壁上留下 "Kilroy was here" 之類的字句，這個名稱就傳揚開去了。

問題不答自明：

「我認為我們應該死得高雅，好教最低限度高雅能夠留存下來。」

※

願人尊祢的名為聖，
不是我的；
願祢的國降臨，
不是我的；
願祢的旨意行在地上，
不是我的；
賜給我們與祢同在的平安，
與其他人同在的平安，
與自己同在的平安，
同時，救我們脱離一切恐懼。

※

「他又領我到寬闊之處；
他救拔我，因他喜悦我。
耶和華按著我的公義報答我，
按著我手中的清潔賞賜我。」（詩十八 **19~20**）

再一次：

「但在你有赦免之恩，
要叫人敬畏你。」（詩一三〇 **4**）

※

12月24日

你一己的努力，並不足以「成就此事」，只有神——不過，倘然在神的事工上，你的努力為神所用，你就該歡欣鼓舞了。

若是你感到自己所作的事是「必要」的，該歡欣鼓舞；不過，要謹記，儘管這樣，你只不過是神的器具，通過你的努力，神在按自己目的創造的宇宙上，增添了一顆微塵。

「就在這個深淵，你讓我看見自己的真面目——我甚麼都不是，而不自知。

假如目不斜視，只凝望神，就會發現我們的工作是祂做的……這樣的人不求安息，因他並無感到不安……無論在那裏或與誰在一起，他一定要享有內裏的孤寂：他一定要學習洞徹事物的真象，並**在事物中**了解神。」

——埃克哈特

※

12月25日

「永恆的誕生」——對我來說，這正說明了存在的一切，都是關於我學習到的，以及仍要學習的事情。

要經歷這種誕生，靈魂必須抽離於一切外在的事情：靈魂在自己裏面，又與自己完全一致……你必須常存雀躍和火熱的心—由寧謐與寂靜主宰的熾熱心。

——埃克哈特

※

12月26日

「這只發生在一人身上而已……但是他卻不能因為交付給他的恩賜和責任而居功自滿……命運既不是能渴求的，又不是能逃躲的……它是一個不違反理性的奧祕，因為命運之所以成為命運，這個世界和人類的歷史發展必須是有意義的。」

※

虛榮抬起它怪異的小頭，捧著扭曲的鏡子放在你面前。剎那間，劇中的演員適量地調校自己的笑容和面部表情，以迎合角色的要求。不過是一瞬間吧！——太多一瞬了。就是在這些時候，你自甘墮落，出賣了你一向事奉的祂。

※

你問自己，這些札記，對於它們原要記下來的真道，到底是否有欠忠實？

　　這些札記？——它們正是你的人生到達某一點時你開始豎立的路標；那時候，你需要這些定位點來惕勵自己。札記就這樣留存下來。然而，你的生命已經改變了，現在的你卻考慮，或許甚至是渴求，與讀者分享。況且，一個旅客全情投入地走過的道路，他生前並不想多談，但有些人也許深感興趣呢！或許如是——不過，你所寫的，必須是出自赤忱，並無滲進絲毫的虛榮或自我關注。

※

往前走！祢的命令暗中頒布。願我能常常聽見——然後遵從。

往前走！你的無論走了多少路程，我都無權停歇下來。

往前走！全程的價值，取決於抵達峯頂前對最後幾步的關注。

※

我們憑信心行事——而奇迹出現了。結果，我們受不住誘惑，把信心建基在神蹟上。這個軟弱代價沈重，叫我們失去了堅定的信心。信心**自有永有**；信心創造奇事；信心帶來改變。信心植根於自己的真實，絕不是由甚麼衍生、創造、帶動出來的。

※

12月31日

「我的事在經卷上已經記載了。
我的神啊，我樂意照你的旨意行；
你的律法在我心裏。
我在大會中宣傳公義的佳音；

我必不止住我的嘴唇。
耶和華啊，這是你所知道的。」（詩四十 7~9）

※

你的自信心嚴重不足。雖然這樣，憑著你的信心，事情得以成就；因此，你現在更需要加倍的自我降卑。

※

感激與樂意。你全都有，卻不為甚麼。不要遲疑，如有召喚，就交出你的所有。那對所有人來說，其實算不上甚麼。

※

你當感恩——假如你的事迹愈來愈與你的名字脫鈎，你的腳步愈來愈不見痕迹。

1957

黑夜將到——

每天都是第一天：每一天都是生命。

每個清晨，我們必須舉起「自身存在」的聖杯，去接受、盛載、回饋……這必須是空杯——因為只有杯面的光澤、杯的形狀、杯的容量，方能反映它的過去。

……那些事情，由於自覺不配，我們不敢奢求；由於盲目無知，我們不懂祈求，求你恩賜給我們……

——《公禱書》*(The Book of Common Prayer)*

最危險的道德抉擇：我們逼於無奈，要隱瞞真相，為使真理得勝。倘然在某一刻，這是命運指派給我們的角色與任務，那麼，生命的窄路定會無時無刻都同樣崎嶇難行，人要何等儆醒才不致滅亡！

※

你攔阻他，使他不能成功。他失敗後，你本著那份教你如癡如醉的幸災樂禍心情，給他慰藉與支持。這份施予同情的權利，其實是你苦心經營賺回來的！

※

你有沒有忿忿不平？說來挺怪誕：最主要的角色竟然分配給銀行一個小文員！你感到荒謬絕倫。不過，如果那個小文員壓根兒沒有幻想過自己是英雄，你還會那麼深深不忿嗎？

——不是我，乃是神在我裏面活著。

※

1月21日

徹底摧毀！你的攻勢多凌厲！你是多麼殘酷地戰勝了那副可憐的老軀殼！你把一切夷為平地，又叫一顆心靈投進痛苦的深淵——其後，釋放了這副展示著終極快樂的笑靨。

※

2月24日

我們的生命能夠抵達一個境界——一個得以認識並了解原罪的境界。原罪可說是位居我們本性中黑暗邪惡部分的中心地帶——即是說，縱使它不**是**我們本性的全部，卻**屬於**本性的一部分。當災難降臨在我們的目標上時，我們心中潛藏著某些東西，竟叫我們心中暗喜；當別人甚至我們愛的人遭逢不幸時，它又叫我們心中涼快。

若生命在神裏面，我們毋須逃避上述情景，反而要參透當中的一切。不是人類的墮落迫使我們接受虛構出來的宗教解釋，只是真實的宗教經歷迫使「黑暗的一面」呈露出來。

我們必須站在「愛」這道公義又無所不見的光輝下，才能敢於正視、承認，以及**自覺地**忍受潛藏內心的它——它渴求災禍、不幸、失敗臨到我們最狹隘的個人利益以外的一切一切。因此，要與神保持活潑的關係，這是自我認識的先決條件；只有憑著這樣的自我認識，我們才能走在正直的道路上，戰勝自己，又原諒自己。

※

皇帝的兒子俄狄浦斯(Oedipus)幸運而無知地贏取了王位，被逼接受並印證了那個特殊的可能性。最終，他也背上了罪名，以至他必須犧牲自己，去拯救整個城市，成就了公義的安排。

※

成功——為神的榮耀還是為一己的虛榮？為人類的和平還是為個人的安寧？行動的結果取決於問題的答案。

※

4月7日

我的生活如何能攫取力量，使我活像一個自由的人，既能拋開過去種種不義之事，又不為現在的繁瑣小事纏繞，因而每天都能原諒自己？

生命會按照**我自己**能夠付出的愛的多寡來衡量我；除了根據我在回應愛的要求上的真誠程度，去衡量我的愛帶有多少忍耐，也會評斷我的愛是否正直無私——

在公正的愛跟前，一切脆弱的解釋和自我中心的藉口無論怎樣都不會有立足之地。

※

假如容許他繼續生存，「生命」會損失了多少原屬於他的幸福，又賺回了多少他本可逃過的苦難？

我簡直在胡說八道！「生命」的得失是從活著的人的光景來估量，人存活的日子則是用別的角度來數算。

※

人在反思自己心胸狹隘的行徑的過程中，不用帶著自虐式的自我鄙視；就是勇於承認，也不要自以為了不起——反之，應該充分認識到其潛在危險：稍不留神，委瑣小事足以損及我們正直誠實的舉止。

※

我們所謂的「同情」，往往是多麼自私的美學產物。偶爾，在一小片刻，我們成為別人抓緊自信的支柱——那是一種每個人都經常動搖的自信心。我們盡量使別人能「堅持下去」之餘，自己那份維持生命的自尊感也得以確立下來。

在這種事情上——就如在許多事情上——正視現實就是玷污真理的反義詞。正視之道，在於忍受當前硬邦邦的現實，不急於尋求時間或許能夠提供的辯解。

※

對於犧牲者——在犧牲的一刻——在眾多敵人和懷疑者當中——只有一樣東西是重要的：信心——單是信心。持守信心的人，必須漠視羞辱，要曉得羞辱是信心的先決條件和必然後果。這種信心是不會帶來補償的希望的，持信心的人只會碰上一個與現實世界極度相違的悖謬處境。

若耶穌預見自己頭戴殉道者的光環，祂在十字架上的苦難還是那麼崇高和有意義嗎？日後加入的記載，祂當時自然並不知情。要遵從祂的命令，就別想那些了。

※

我們必須常存既平靜又平衡的心，以至面對每一字批評，都能給予它恰當的分量；面對每一句讚美，都能處之泰然，謙恭以待。

※

4月28日

沒有歷史；除非是屬於靈魂的。沒有平靜；除非是屬於靈魂的。

——聖約翰・佩爾斯(St.-John Perse)

※

在「自我」的覆蓋下，出現了幾許不負責任而又無知的人、毫無意義的榮譽、歸類編碼的行為！——全都穿上了「目前」這件緊身衣，動彈不得。

務要卸下這樣的裝束，在黎明的懸崖峭壁上赤身佇立——開放坦蕩、剛強堅壯、無拘無束：在光裏頭，與光同在，從光而來。**整全**，在整全中的真實。

自我若是絆腳石，擺脫它；自我若是實踐真道之門，進入它。

※

5 月 25 日

「為甚麼？」你問自己：「要拒絕接受一些不損人而又利己的東西？」

是的，為甚麼？——只要它不會與你選擇了的道路有所衝突，有何不可？且看當你忘掉了這個重要前設時，你就自己行為的事後反應——例如你對一個謊言或一個使你蒙羞的軟弱的反應——問題的答案，就不說自明了。

※

一切都在目前的一刻，一切都不是為了目前的一刻。還有，一切都不是為了你將來的舒適或你將來的名望。

※

倏忽間——並無你的協助——一個你不惜賠上一切以求打破的僵局突然消失了。但是你深受誘惑，意圖「保持自己在前面的當眼位置」——不管這會不會有助達成目標——也許甚至不管它可能會帶來損害。

你願意把這少許努力賺回來的東西也捨棄嗎？只

有當你完全忘我、全心全意地為了完成責任而作出努力，你才能夠忠於這些努力的價值。

若是這樣，你為了達成目標而付出的努力應該早已教曉你：當這個目標給別人達成時，你應當歡欣雀躍。

※

6月20日

「——一個謊言或一個使人蒙羞的軟弱——」。後果的一種：你飽受**不**合理的批評折磨。好吧，那你就任由它耗損你賴以完成任務的精力！

※

6月23日

「他使狂風止息，
波浪就平靜。
風息浪靜，他們便歡喜；
他就引他們到所願去的海口。」（詩一〇七29~30）

※

「放逐者之笛歌。」

——聖約翰·佩爾斯

在陌生人中間，面對塑造你生命的一切，你永遠是——**孤獨一人**。永遠渴慕著活水——卻連尋索的自由也沒有——**好一個囚犯！**

答案是——那個最直接而殘酷的答案是：在「獨

一的祂」裏面，你永不孤單；在「獨一的祂」裏面，你常在家中。

※

結果與反應——你那片焦慮的烈火反映了你還是多麼的受羈絆，多麼的遠離「獨一的祂」。

儘管這樣，毋須為此或其他事情擔憂，只管跟從你認識的真道前行；即使你曾經偏離它。

「然而，不要照我的意思，只要照你的意思。」

※

受「命運」挑戰的人，不會因為條件不合而生氣。

※

有些人從事的工作，明顯是人類不尋常的可能性與責任的映照，他們怎可能失落了「召喚」的感應呢？只要堅守那個「召喚」，他們所作的一切，都會蘊含意義，沒有代價可言。因此，他們假如埋怨，就等於控告——自己。

※

神話往往咒詛那些「回頭看」的人。咒詛他們，不論他們離開的是怎樣的樂園。因此，每當你違反自己的決定時，總是帶著這樣的陰影。

「噢！走向黎明的旅者。」

——赫爾曼·海塞(Hermann Hesse)

※

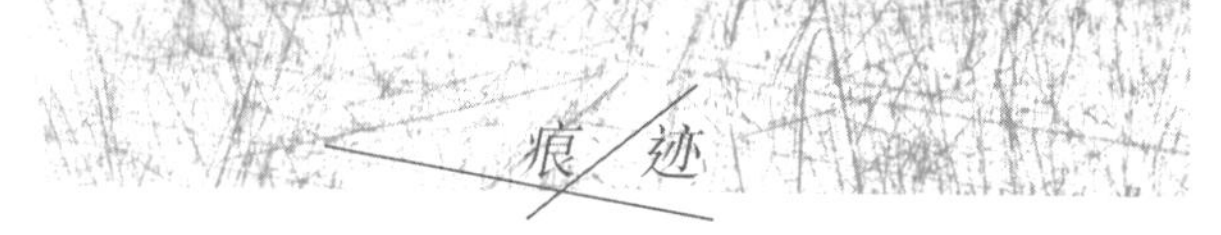

7月20日

不忠實的——偷偷摸摸的。被拒諸門外後，你不應從匙孔窺看。要末破門而入，要末轉身離去。

不忠實的——偷偷摸摸的。只有認為真相似乎會否定自己的選擇的，才會有此行徑。雖然如此，無論隱藏的原因是甚麼，只要你還感到羞愧，單從這點來說，結果也許會是好的。

※

7月28日

你不是燃油，也不是空氣——你不過是燃燒點，即是產生光的火點。

你只不過是在光中的一面透鏡。只能像透鏡一樣接受、施予和擁有光。

你要是尋求自己，尋求自己的「權利」，不單會阻止了燃油和空氣在火焰中碰頭，還奪去了透鏡應有的透明度。聖潔——要麼作為光，要麼在光中自我隱沒，好讓光能產生，或得以集中或擴散開去。

※

「生命」會按照你的透明度與能力，來答謝你，並讓你認識它。那麼，冥化乃是目標；而保持純潔只是手段。

※

9月3日

「原諒自己」——？不，那是行不通的：我們必須**被**

寬恕。可是，只有當我們自己有一顆寬容饒恕的心，才能相信這是可行的。

※

你的責任真是教人不寒而慄。如果你失敗，責任就會落在神身上，而多虧你出賣了祂，祂因而有負於人類了。你滿以為自己能**向**神負責；你能**為**神擔此重任嗎？

※

「有負於」——你是否因為把自己最差勁的地方壓抑和疏導了，就感到心滿意足呢？在人生的不同處境，人如果不竭盡所能，在每一時刻都做到最好，就是一種欺騙；尤其在別人信賴你的情況下，那種欺騙豈不更大更無可抵賴？

※

9月26日

「今生今世最美好與最奇妙的事情，莫過於你在神面前安靜下來，讓神工作和說話。」

很久以前，你已抓著我，投擲者。**此刻**，就把我投進風暴中！**此刻**，就把我擲向你的目標去！

※

10月1日

它喁喁低語：一切都在此等候，
為你妥善地守護著，年復一年，

輕柔美妙的歌曲，哼出千百首；
你往哪裏去了，在哪兒？在哪邊？
——埃里克．阿克塞爾．卡爾費爾特
(Erik Axel Karlfeldt)

※

不要回望過去，也不要夢想著將來。過去不因緬懷而復返；將來怎也不能填滿你其餘的白日夢。你的責任，你的獎賞——你的命途——盡在**此地此時**。

※

耶穌「缺乏道德原則」？他與稅吏和罪人同席用膳，又與妓女結伴同行。他難道是為了爭取他們的選票？還是他認為這種「安撫」策略也許可以叫他們悔改？還是他的人性極其豐富、深不可測，使他可以在人（即使是他們）身上觸碰到人本性中共有共通的、不可毀滅的、人類未來也建基於此的東西？

※

10月6日

對神說**是**：對「命運」說是：對自己說是。這可能使靈魂受創，卻同時有能力使它復原。

「無名事物無窮盡，
折返原來空無地。」

※

你眼前出現了另一個機會——是恩惠，也是負擔。問題不該是：事情為甚麼會這樣發生？這會把你帶往何處？你將要付上甚麼代價？問題很簡單：你會**怎樣**活用這個機會？就這個問題，只有**一位**能夠定奪。

※

你曾告訴自己你會接受命運的安排。但你發現這會對你有甚麼要求時，就心裏發慌、勇氣頓消，然後你醒覺到自己是多麼戀棧這個世界：是它把你塑造成如今的模樣，而你現在卻要把它丟在一旁。你就好像面對截肢手術或「小死亡」一樣，你甚至聽信某些聲音含沙射影的話：你正在騙自己雄心不再呢！其實，你最終都會放棄一切的。那麼，你為甚麼為這次小死亡飲泣？倒不如爽快地——迎接它，以微笑送別它，然後無拘無束地往前走——與使命合為一體，完完全全地承擔起這一刻的責任。

※

你做得不夠多，你從來都做得不夠多；只要你尚有空間，還可以貢獻一些有意義的東西，你就是未盡全力。

　　假如你對著你認為是重擔和無止境不明朗的事物諸多抱怨，那就是最好的答案。

※

「未雕塑的石塊」——仍然處於中心位置，是屬於你和全人類的。面對那些它給予你生命的各種目標，你要在每一分秒都竭盡全力，沒有保留。此外，要躬身力行，不計後果，不求自己的益處。

※

不要尋找死亡。死亡自會找你。應該尋找那條叫死亡成為生命的完美實現的道路。

※

你的軀體一定要對自己的死亡瞭如指掌，熟悉死亡的各種形式和程度。當你邁向你認為是值得投上生命的目標時，這是不言而喻、迫在眉睫、情感中立的一步。

※

作為犧牲的元素，死亡是一種完成。然而，更多時候，它不過是一種墮落。此外，它從來都不是一種提升。

※

通往峯頂的刃嶺分隔了兩個深淵：一個是著上享樂色彩的死亡意願（當中也許不無自戀式受虐狂成分）；另一個是動物從肉體求生本能而來的恐懼。只有學會了把身體看作工具的人，才能夠征服那陣陣的眩暈。

※

沒有選擇不受個人如何看自身的命途，以及身體如何看自身的死亡左右著的。歸根結底，正是我們的死亡觀，主宰了我們怎樣回答生命鋪陳給我們的各種問題。

這解釋了為甚麼死亡必須佔據恰如其分的空間與時間——如有需要，還要有優先權。因此，我們必須有充足的準備去迎接它。

勇氣與愛心：你和「生命」討價還價時相等又相關的詞語。你的心命令你施予出去的，你都樂意且勇於「付出」。兩者都是犧牲行為中互有關連的本能反應，都是在「獨一的祂」裏人格選擇自我隱沒的後果。「神與靈魂結合」其中一個結果是，與其他人的聯合，其他人是指在自我的終極降服面前絕不退縮的人。

你遣詞造句夠謹慎嗎？你留給人家甚麼印象？別人會認為你刻意討好嗎？正是諸如此類的問題，叫你時刻儆醒。難道你不再相信自己的本能反應可給予你正確的指引嗎？如果是這樣，你該曉得那是怎麼一回事。你容讓自己因為渴求「公義」而變得分外自覺；因此，在工作表現上你不再渾然忘我了。就是這樣，惟獨這樣，羣眾的意見能夠刺傷你的心。

※

對你諸多批評，認為甚麼都不符合標準的人，你該衷心讚賞他們。

在戲劇中，身體能夠學習真實生活的活動模式。它的熱望，能讓人有心理準備，去承受人生的苦難。

※

12月22日

瘋子在市集喧擾。無人停下理會。於是，就這樣證實了他的論點是顛撲不破、無可辯駁的。

※

12月24日

在祢的風中——在祢的光中——

其他一切事情是多麼的不重要，我們是多麼的渺小——而在那個惟一偉大的祂裏面，是多麼的愉快！

1958

就讓這世界每早晨都是新造的，在祢裏面，由祢來——**給予寬恕**。

※

2月16日

「——使你的臉發光，我們便要得救。」（詩八十：19）

「信我吧：這同樣是屬於完美的境界，就是人承擔工作的方式，叫他的一切工作融為一體。這只有在『神的國』才能實現。讓我把真理告訴你們：人在神的國以外的一切工作都是死的；獨是那些在神的國裏面的工作才是活的……就如神不會因祂的任何工作分心或改變，靈魂若是按照神的國的規律工作，也當如此。因此，這樣的人可做工或不做，卻時刻不受紛擾。**因為工作既不會給予他們甚麼，又不會從他們身上取去甚麼**。」

——埃克哈特

※

「在神的國裏——；——一切工作都是平等的，我那最小的如同我最大的工作，最大的如同最小的。——工作本身則有分化的元素，導致人類靈魂分化，使人走向不安煩躁的危險邊緣。」

——埃克哈特

※

「激辯過後」；生命變得簡單得多了，困難得多了，**純淨**得多了，可怕得多了。

※

好一個異教徒把神人化的觀點：認為神刻意叫我們受苦，藉此教育我們。倒不如換一個角度看：應當欣然接受苦難的打擊，**因為**這是順從（我們看為是）神的旨意。兩種觀念相去多遠！

※

醒來的時刻，自我是純淨而簡單的——它首先看見的是——在昨日那面扭曲的鏡子中自己的畸變映像。

※

4月10日

在那份「神與靈魂結合」的信心裏，你在神裏面，與神**合而為一**，而

神就完完全全的在你裏面。

正如，對你來說，祂完完全全的在你碰到的一切當中。

憑著這份信心，你在禱告中沈落到自己心靈深處與「另一位」見面。

在這個聯合堅定不移的光輝下，

看見一切有如自己一般，在神面前，獨自站立，

而你的每一個行動都是創造的舉動；是自覺的，因為你是背負著人類的責任；卻受著那創造人類、超越人類意識的力量引導著。

你已從事物中釋放出來，卻在它們身上遇見純淨而清明的啟示。

因此，在那份「神與靈魂結合」的信心裏，**一切**都是有意義的。

因此，你該運用放在你手上的一切，把生命活出來……

※

在受造物中，只有人類的進化到達了這種境界：現實在判斷與選擇中與自己相遇。至於人類以外的創造物，則無美好與邪惡之分。

只有當你沈落到自己心靈深處，並與另一位相遇時，你才能經歷到美好是一種終極的現實——**在**祂**裏面**又**通過**你——結合起來，生生不息。

※

7月29日

祢把這種無可逃遁的孤獨厚賜給我，好使我更容易把我的一切全然奉上？

※

還有數年，然後呢？一顆生命的惟一價值在於其內涵——為**其他人**。我的生命也許對其他人有點價值，但除此以外，它就比死亡更糟糕。因此，我在極度孤獨時，要服事別人。因此：你賜給我的，是多麼的不可思議，而我必須「犧牲」的，卻是多麼的沒有意義。

願人都尊祢的名為聖，
願祢的國降臨，
願祢的旨意行在地上——

※

你從噩夢中驚醒——剎那間——你**曉得**：在各種喧囂與紛擾中，惟一真實的事情是：曙光初露迷濛天色下平靜而穩定的——愛的火焰。

※

身體之火，
去蕪存菁，
在自我降服的火焰中不斷冒升，
消耗著自己封閉的小宇宙。

※

對那個創造性行動的終極順服——有些人註定要藉著犧牲而不是性愛才能抵達它的門檻；固然，他們也會經歷同樣教人心魂震盪的雷鳴。

10月5日

枯萎的櫸木，在污黑的
暴風雲層下——分外鮮明。
風撕裂了森林池塘中
鋼灰色的水。
泥土上斑駁的血漬
洩露了——鹿的足迹。

靜穆把頭腦的裝甲
摔成碎塊，
任由它在秋日的
明眸下——赤身露體。

探雷器編織著
它的老圖案，
沒完沒了。

沒有含意的話，
沿著拋物線來回走動，
在我們中間。
遺忘了的陰謀
張開了它的蜘蛛網，
套住了我們的手。

被它的小丑面具
嗆住咽喉；且頗乾癟，
我的頭腦——瓦解碎裂。

10月12日

日間慢慢淌血至死
透過那個傷口——
那是水平線尖削的邊線
割破天空的屏幕造成的。
無邊的黑暗滲進了
它如今空洞的血脈。
黑夜的寒氣擁抱著
那具僵硬的屍骸。

在死者的上空，閃耀著
寧靜的星星。

主啊——日間是屬於你的，
而我則是屬於日間的。

單一形式

碧波破碎，
肌肉收縮，
都服膺於同一規律。

一絲不苟的線條，
使身體的一舉一動，
達致絕妙的平衡。

我的靈魂會否碰到
這根弧線——像遇上一個彎角
在它成形的道路上？

10月19日

太疲於與人作伴，
你進入了自己也
疲於填塞的孤獨。

※

權力的牆
受到衝擊，
光的波浪
停留不動，
然後，浪碎了，
從白沙的脣邊
倒退下來，
泡沫飛濺。

1958

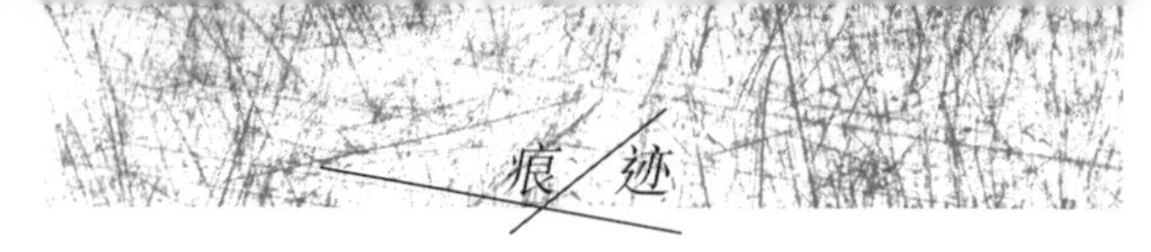

1959

2月8日

「你所喜愛的是內裏誠實；
你在我隱密處，必使我得智慧。」(詩五十一 6)

在「信心」裏——保持與萬事萬物活潑的、不間斷的接觸。「在神面前」，靈魂因而得以活在真理中。

※

覺察到邪惡的現實和個人生命的悲劇；與此同時，也覺察到生命的要求：行為表現必須高尚典雅。

※

2月9日

「精英」與羣眾的分別只在於他們對「質」的堅持。這裏隱含了精英分子的責任——對所有人、為所有人、對過去、為將來——這份責任反映了對「生命」的一種謙遜而即時的回應——回應生命所潛藏的無限可能性，以及其獨一無二的、永不會再現的「現在」。

※

7月29日

謙卑不僅是自大的反義詞，也同樣是自貶的相反詞。謙卑就是**不作比較**。自我植根於真實，不會自以為較宇宙的人或物優勝、差勁、偉大、低賤。自我既是——「無」；也是「有」 ——與萬物為一。從這個角度來看，謙卑就是完全抹去自己的意思。

要常存謙卑的心，塗抹自己，成為無；但為了回應召喚，實踐使命，就要在承擔中體現自我的重量和重要性。把自我可貢獻給人類社會、詩詞歌賦、藝術創作等的都毫不保留地獻出去，又自然而自由地領受屬於自我這個身分的一切。讚譽指責、榮辱得失，只不過如風一般在自我的身上掠過，不留痕迹，不損平衡。

神啊，求你助我朝這個方向邁進——

※

8月4日

要存謙卑的心就是要經歷現實，不是經歷**現實與我們之間的關係**，而是把現實看作神聖而獨立的；那就是從我們的安息處出發，去觀看、判斷，以及採取行動。然後，失去的或遺留的一切都會復歸本位。

在我們生命中心的安息處，我們會遇上一個萬物各得其所的世界。在那裏，一株樹是一個奧祕，一片雲是一道啟示，每個人都是豐富的小宇宙，擁有的寶藏旁觀者只能驚鴻一瞥。簡樸生命之道很簡單，卻引領我們進入浩瀚無邊的境界，我們只能在邊緣徘徊呢！

8月4日

*十七音節**
打開了門閘
通向回憶，通向意義

※

烏普薩拉

8月7日

血色黃昏，三月。死訊。
重新開始吧——
甚麼完了？

* 以下部分，原文用俳句寫成。俳句又名十七音詩，是日本詩體之一，一般以三句共十七音節組成一首短詩。根據奧登的註釋，俳句每行的音節沒有特別規定，但三詩行音節的總數一定是十七。奧登的譯本正是循著這個原則：每行的音節數目跟原文未必相同，但三行的音節數目必然是十七。譯者大致也參照奧登的做法，不過自添一項要求，就是第三詩行必須是四個音節，以配合漢語詩體的特色，試圖營造一種諧協的節奏，使詩節與詩節之間產生一種內在的聯繫。

黑夜。平原。空盪大廳。
窗龕中的她，
靜待日出。

金龜出沒。山梨開花。
丁香攀談著；
夜深時分。

樹木喘息。靜寂中。
躊躇的雨犁出
黑窗浪迹。

圓錐光柱，濃霧中。
燈杆旁一冬蛾
飛舞不休。

雪牆灰濛。馬糞溫熱。
乾癟的清晨，
屋子伸腰。

8月9日

平原開闊，圍牆畢挺，
交錯成兩道
命運支線。

復活節的晚空。
小溪滿溢，紫羅蘭
桌上綻放。

石器時代的晚上，
教堂塔尖，矗立
如陰莖像。

東方的破曉。大漠上，
獻祭的藍煙，
逕往上升。

森林中的男孩，
扔下敬拜的禮服，
赤身耍玩。

噴泉，在白牡丹叢中
嬉戲，小泥蜂
展開狩獵。

漆黑中流星掠過，
燕子交配，尖叫
劃破長空。

光禿禿的楊樹排中，
柔美的聲音
爆破空間。

麝香百合的花萼，
沾滿露珠，凝結
天地之間。
五月。陣雨後。
夕照下，新葉回眸看
秋去秋來。

捕繩草。犬薔薇。
在睡著的隱蔽地，
刺蝟戒備。

石礦場的水坑，
孔雀蝴蝶亂舞於
石南叢上。

隱蔽處的黑影下，
早在日落之前，
花兒閉目。

幽僻處睨視他們
拍攝查理十二，
暴風雪下。

麵包香。家常話。
在飛旋的雪灰中，
光線漸褪。

荒徑上夜遊，
佇立在他們中間的，
豈只歲月？
那個除夕，榆樹
幌動的黑影，遮蔽
萬千孤墳。

十年成熟。十年等待。
轉眼又塵世
悠悠廿載。

遙遠鄉的晨曦。
漫長的春暮荏苒，
尋尋覓覓。

他雙眼下望，
惟恐看見那胴體後，
血脈賁張。

我的家引領我到曠野。
無人找我，
無人在聽。

棄絕作「被覓者」，
他渴求自己配稱
「真尋覓者」。

耳邊的小盒教男孩：
「父」的名字乃
可憎可惡。
他想縱身時失足，
他們都在譏笑
這個懦夫。

他的道德演說
漲滿憤恨。這孩子
何以這樣？

他們都歸咎於他。
茫無頭緒——他卻
承認一切。

他不受歡迎。
畢竟來了，只能坐看
人家游玩。

課堂已完。院子已空。
他找的人都
另結新歡。

忍冬蔓生遍野。
蒼茫的暮色下，他
春心勃發。

丁香樹籬側，
再無「責任」的她，重歸
青春之地。
灰沈的冬暮。
窗後的籠中鳥，胸部
淌著鮮血。

包裹沒入泥濘，
她對不幸的事故
一笑置之。

早晨，晶澈若泉。
蝴蝶的法式花舞，
綻放生機。

你永不會回來。
另一個人會尋覓
另一家園。

夏日

岩高蘭搔癢頸項。
藍淵上空，飄浮
一隻鷲鳥。

灰地衣。紅漿果。
琴音臬臬。肅靜！他
潛水睡了。

又發現一株毛茛！
不比我們棒，卻
走在前頭。

暮靄中，椵香微送。
我們夢想找到
「死頭」飛蛾。

榿木下，葉子初成，
掩埋了紅門蘭
生之奧秘。

矮林中，泥濘地
讓人類的犧牲去
撫慰海風。

子規啼叫，子規哭笑。
她丈夫逝世，
兩牛賣了。

雪原上，北方鳴禽的
第一聲啁啾。
空間崩解。

冰河的石塊間，
毛莨獨存，陰影下
披霜帶雪。

窗戶的光隱沒，
門關上。雲雀振翅。
鶯音裊繞。

椴樹下，暗河通往
多年朝聖之途——
在前，東方。

碼頭。光影緩移，
腳步，鳥叫，奏鳴起——
簇新一天。

搖蚊飛舞。高爐生煙。
野生草莓叢，
青蛇熟睡。

急流在小島狂嘯。
他在僻靜房間，
尋覓艾菊。

閃電後，公司頭目
從肖像棄置處，
紛紛倒下。

瑞典峭拔山脈。
在前的馬伕抽打
滴汗馬臀。

遙遙他方

居於生之洞的諸神，
細聽笛子的
絕妙音符。

喜馬拉雅的冰崖，
屹立在韋茲萊
羣山背後。

月光喚醒了猿。
禱告在地球肚臍
繞軸而轉。

歇息處。炭火堆。
毗瑟拏神靜坐在
鏡子深處。

平安夜。受難節。
喇叭的幽幽短曲，
早見端倪。

棕櫚颯颯，波濤滾滾，
加入雪地的
聖歌行列。

酷熱夜。仲夏的閃電，
燃起身體的
潛在欲火。

欲望躁動，他身子
披滿陽光，捲進
疊疊熱浪。

哈德孫谷

微暖秋夜。月照小徑。
遠處——一顆心
棄絕呼吸。

森林的陽台。琴弓
敲奏著簡單的
光束信號。

四月飄雪天。
紅衣鳳頭鳥求蔭於
白色連翹。

車腹撕裂，哭聲震天。
擱在路旁後
默然不語。

樹影風中抖動，
駕著迷霧，飄盪在
聽力之外。

我哨音一吹，
她從鳥舍出來，卻又
失望折返。

你的身體、心靈
——信靠——像接力賽中
一根短棒。

動物全都溜掉了。
臭鼬決定自封
萬獸之王。

起居室的桌面，
書本弄髒了，內容
銷聲匿迹。

諸神尋樂。
要找人從未碰過的繩
指間把玩。

9 月 13 日

讓我奉獻給
祭壇上將要奉獻的
那個獻祭。

神在那選擇
犧牲自己的軀體上，
道成肉身。

苦無出路的煤塊，
在源源熱力下，
嬗變鑽石。

人間美善，此時此地，
恢宏奇觀中，
忽變真實。

不知問題的核心，
他要作答就最
容易不過。

你在創造？破壞？
就由火中的煎熬，
代你回答。

蟬聲悽悽。天色
揮霍著牠們最後
一個黃昏。

凝冷寂穆高空，
紫翅椋鳥的星雲
飛旋而過。
這個晚上。
樹木、水面、弦月——哆嗦中
影象複疊。

要與別人一致？
與你出雙入對的，
惟獨自己。

從岩脊墮下後，
怕挺直身子的他
匍匐前行。

他赤腳在注滿
雨水的草坪，尋找
腐土苗牀。

暗自成長的他，
獨與成長中萬物，
心交神會。

他要詮釋
想要忘掉的事，就滲進
未來視野。
——保羅．拉庫爾(Paul La Cour)*

身體合一，
誓要超越那肉體上的
可能界限。
——勞倫斯(T. E. Lawrence)

巴巴里海濱
屹立了「天堂皇后」的
陰森堡壘。

10月25日

此章已完，再無枷鎖了：
萬事俱備，
引頸以待。

我們藏身那裏，
也躲不開碎波的
閃爍浪花。

---

* 奧登註：丹麥詩人(1902~1956)。

內陸深處，
青銅葉子間還躍動著
海的清新。

因為牠從不找配偶，
人類就稱牠
獨角「怪」獸。

11月1日

撇棄自我依傍的
崇榮後，他邂逅
赤誠真我。

——奧尼爾：《比利·布朗》
(O'Neill: *Billy Brown*)

他獻上了生命，
為了別人的福祉；卻
念起咒語。

色鬼刮臉時譏諷的
鏡中人，他用
生命買下。

讓他們保守著
向來急於捍衛的
委瑣祕密。

各種可能性的
偶發拼湊與薈萃，
自稱為**我**。

我問：在這裏幹甚？
這個**我**，霎時間
不再真實。
清晨。鳥音繚繞。
他的心靈灌滿了
夜的涼靜。

那些本可捕捉他
欲望、憂懼的話，
並不存在。

書仍緊閉——
赤裸的，我瞥見赤裸的
死亡工具。

黃花搖曳。
和風拂開了遠志花的
白降落傘。

如不忠管家，
我們揮霍他的財富來
救贖自己。

天空藍得發澄，
如上次滑雪前的
雪峯上空。

——約斯塔·倫德奎斯特
(Gosta Lundqvist)*

槍聲還在回盪。
為救「生命」，他尋問
活的真道。

這次與山的拚鬥，
要純淨而果敢，
聯己抗己。

劈啪的話絕無打擾他
會歌唱的
謐靜空間。

有信之人，末後奇蹟
與首個相比，
豈只震撼。

* 奧登註：倫德奎斯特是攝影家，與韓瑪紹同為瑞典攀山會成員。

1960

<u>1960年復活節</u>

饒恕把因果關係的鎖鏈切斷，因為「饒恕」你的人——基於愛——已承擔了**你**幹的事的後果。因此，饒恕往往離不開犧牲的情操。

倘使你要藉著別人的犧牲而得釋放，就該付上代價：願意同樣的釋放別人，不計後果。

※

我想到那些在我之前的人，就感到自己好像出現在一個宴會，貴賓相繼離開了，獨自忍受著孤清的場面。

我想到那些在我之後的人——或較我長命的人——就感到自己好像在預備一個宴會，卻無緣分享當中的歡愉。

※

<u>1960年平安夜</u>

聖誕節接著降臨節而來，多恰當——對迎看未來的人來說，馬槽是位於各各他的，而十字架已在伯利恆豎起。

死亡痛楚要忍耐，
永恆平靜苦中來：
忠心歷鍊守道者，
天國之門將敞開。
——沃林總主教
(Archbishop J. O. Wallin, 1819)

「我必安然躺下睡覺，
因為獨有你——耶和華使我安然居住。」（詩四 **8**）
「你叫你的民遇見艱難；
你叫我們喝那使人東倒西歪的酒。
你把旌旗賜給敬畏你的人
可以為真理揚起來。」（詩六十 **3~4**）

1960年11月26日

月掛樹梢：
信誓旦旦，
心如鉛重。

黑夜下樹夢正酣，
袒露枝幹。「然而，
不要照我的意思……」

擔子始終是我的：
他們聽不到我的呼喚，
大地鴉雀無聲。

不一會，此刻，火炬，親吻：
不一會，在灰濛的拂曉中，
在審判的公堂上。

那裏，他們的愛有助嗎？
那裏，問題只會是
我愛他們嗎？

1960年12月2日

氣氛愈趨凝重。
正午的熱力下，
他們的意志開始動搖。

黑夜驟亮，
磷光閃照，
森林在暴風的肆虐下嚎哭。

他們付上了
愛的全部代價，
讓別人得享勝利。

曉霧淒迷，
早起的鳥，啁啾不停。
誰還記起昨晚的犧牲？

1960年12月3日

那條道路，
你將要跟從。

那種樂趣，
你將要忘卻。

那隻杯子，
你將要倒空。

那陣痛楚，
你將要埋藏。

那幅真相，
你將要知曉。

那個終局，
你將要苦忍。

1961

2月13日～3月13日

你是那位把我們帶到赤裸裸的靈魂跟前的，
　　你是那位在水面上
憂心忡忡的，
　　你會不會在塵世的某個黃昏，
講述那個故事——
　　那隻用內薩斯(Nessus)那件燃燒著的襯衣裹著我們的手的故事。

——聖約翰佩爾斯

※

不要把自己的感情誤置，卻要
成為自己情緒隱祕的量器，
因為我們正面對悲慘的事……

——朱納．巴恩斯：《輪唱讚美詩》

(Djuna Barnes: *The Antiphon*)

※

「我受他們的羞辱，
他們看見我便搖頭。
耶和華——我的神啊，求你幫助我，
照你的慈愛拯救我。」(詩一〇九 25~26)

※

1961年聖週四濯足節

布朗德（**仰臉向著正在塌落的雪崩**）：
死神正要奪我的命。
在上的神呀！
人在極度痛苦中苦苦追求的，
對你來說難道不值一文？
（**雪崩捲走了他。山谷被雪活埋。雪的咆哮中隱約聽見一把聲音。**）
聲音：神是愛。

——易卜生：《布朗德》

「我思索怎能明白這事，
眼看實係為難，
等我進了神的聖所……」
(詩七十三 16~17)

1961年聖靈降臨節

我不曉得是誰——或甚麼事——把問題鋪陳出來，我不曉得問題是甚麼時候提出的。我甚至記不起我曾作答。但是在某時刻我的確對某人——或某事——說了：**是**，而從那一刻開始，我就確認存在是有意義的。因此，我的生命也在自我降服的過程中有了目標。

從那一刻開始，我就認識到「不要回頭」的意思，也明白何謂「不要為明天憂慮。」

抓著阿里阿德涅的線團，在生命的迷宮中摸索前行，我進入了一個特別的時空。在那裏，我認識到那條「道路」引領我達致的勝利，原來是一個災難；領我進入的災難，竟然是一場勝利，而委身的代價就是承受指摘，而人只有從諸般羞辱中才能得到提升。自此之後，「勇氣」兩字已失去意義，因為人再不能從我身上取去甚麼。

我沿著那條「道路」繼續前行，我一步一步、一字一字的學習到福音書每句話背後都站著一**個**人，都展現著一**個**人的經歷；在那個祈求把苦杯挪走又允諾喝下的禱告背後；在十字架上說的每個字背後。

1960年7月7日~1961年春

從模糊的夢中醒來，
擺脫了一切的羈絆，
膏了油，裝備好，
隨時候命。

問我是否有勇氣
走到盡頭，
我說「是的」，
不假思索。

門閘開了：目眩眼花，
我看見角鬥場，
然後赤身露體走出去，
迎接死亡。

戰鬥展開：冷靜
而雀躍，我奮力搏鬥，
直至他們撒下網，
把我擒住。

我曾觀看在旁：
如今卻成為活祭，
縛緊在壇上，
等待犧牲。

不哼一聲，赤裸之軀，
忍受石頭扔擲，不哼一聲
身體剖開，活活的心臟給
猛揪出來。

1961年6月8日

身體，
我的玩伴！
既不是主人，
也不是奴僕。
燦爛的心，
會帶動你走；
你用活潑的火焰
沿路為我喝采。

可身體呀！
我的玩伴，
你切勿畏縮，
也不要叫我失望，
假如那一刻臨到，
要成就那不可能的事。

喋喋不休的問題，
凌晨時分：
我做得對嗎？
何故我會這樣
而不那樣做？
一次又一次
同樣的步驟，
同樣的說話：
永無答案。

赤身佇立
在他們放置我的地方，
他們的第一批箭，
把我釘在箭靶上。

再一次，一把弓張起，
再一次，一枝箭射出，
——卻擊不中。
他們惺惺作態？
假裝友善，
還是風向？

幹嗎懼怕？
就是射中了，
就是擊斃了，
又有甚麼值得
簌簌淚下？

前有古人，
後有來者。

1961年6月11日

被召喚
去擔起任務，
獨個兒
去作出嘗試，
被揀選
去忍受痛苦，
有自由
去加以否定。
我瞥見——
只一瞬間，
揚下帆，
盛怒的太陽下，
遙遠的，
起伏的波峯上，
獨個兒，
朝大海進發。

只一瞬間，
我瞥見。

1961 年 6 月 18 日

他會走出來，
在兩個獄卒中間，
瘦削而黝黑，
背部微曲，
彷彿為自己的體力
表示歉意，
他的五官繃緊，
但看來冷靜。

他會卸下外套，
袒露撕裂的襯衣，
靠牆而立，
等候處決。

他沒有出賣我們。
他會走到終點，
毫不軟弱。
我感到忐忑不安，
卻不是為他。

我是否懼怕心裏的衝動，
就這樣毀於一旦？
還是有人
在我存在的深處，
等待我的允許，
去拉動扳機？

1961年7月6日

疲乏，
又孤獨，
太疲乏，
心在絞痛。
雪溶的水涓涓
沿石而下。
手指麻木，
膝蓋顫動。
就在此刻，
此刻，你決不能放棄。

別人的路徑上，
停放了安息之所——
太陽下的居處——
他們能在此相遇。
但這是
你的路徑，
就在此刻，
此刻，你決不能失敗。

哭吧！
要是你能夠，
放聲哭吧！
可別投訴。
那條道路選擇了你——
你一定要心存感激。

1961年7月19日

憐憫
我們！
憐憫
我們付出的努力！
使我們能夠
在祢面前，
懷著愛與信，
稟承公義與謙卑，
跟從祢——
捨己、堅定、勇敢——
與你相遇，
在寧謐中。

賜予我們
一顆純淨的心，
使我們能看見祢的面容；
一顆謙卑的心，
使我們能聽見祢的聲音；
一顆愛心，

使我們能事奉祢
一顆信心，
使我們能活出祢

祢是
我不認識的，
我卻屬於祢
祢是
我不了解的，
卻把我獻給
我的命運。
祢是——

1961年7月30日

醒來，
此刻完全清醒，
我聽到那
弄醒我的尖叫。

他曾徹夜守望，漂浮
有如遇溺的人
在茫茫而漆黑的深海，
四方八面的光，
不明方向的光，
弄損水面。

我聽到尖叫，
遠處傳來的，
最後一次——
恐怖的哀號，
孤單的悲鳴，
渴求愛的嘶叫。

誰是獵物，
誰是沈默的獵人，
在迷濛霧海上，
在陰暗樹叢間，
遠在破曉之前？

1961年8月2日

「你使地震動，而且崩裂；
求你將裂口醫好，因為地搖動。」（詩六十 2）

※

「等我進了神的聖所，
思想他們的結局。
你實在把他們安在滑地，
使他們掉在沈淪之中。」（詩七十三 17~18）

※

「他們也追念神是他們的磐石——」（詩七十八 35）

※

全能的……
請原諒：
我的困惑，
我的憤怒，
我的傲慢。
你的慈愛
使我降卑；
你的嚴厲
使我升高。

給我的愛猴格林巴克(Greenback)的輓歌 *

1961年8月6日

遠離唧唧的猴羣，
樹梢投下的綠影，
林間小道的枯枝；
那裏閃爍著野豹在夜深時分
銳不可當的目光。
獨處於
石灰漆抹的房間，
伴著欄柵與懸蕩的繩索，
牠坐在窗台上，
觀賞飄雪紛飛。
汽車匆匆掠過，
瞪著熊熊的雙眼。

* 原文並無標題，奧登為免讀者像他一樣的感到莫名其妙，自行加上標題。譯者基於同樣的原因，把英譯本的標題緡譯過來。

無人看著，
當某天，牠躍下身子，
為了抓住繩圈，
胸膛給繩索套住，
窒息至死。
無人看著——
又有誰曾明白，
牠為求快樂的努力，
牠信任我們的時光，
牠持續不息的焦慮，
老是渴想著
牠只能隱約記起的東西？
但我們全都喜歡牠，
全都想念牠，
久久不能釋懷。

1961年8月6日

一望無垠的綠浪
在草地上翻滾。
起伏的綠脊上，
綴滿成千上萬的
牛眼菊的白泡沫。
花瓣的雙頰泛紅——
當仲夏的太陽
為大片的緋紅色
添上朦朧的熱霧，
在波基普西之上。

七個星期逝去，
七種鮮花
採摘或收割。
此刻，玉米的葉子開闊，
穗軸雛形嶄露，
體態漸見豐腴。
就在這裏嗎？
在仲夏的一個晚上，

在短促的一刻，我們偶遇人間的樂土？

1961年8月24日

這是在「白天」以外
另一個現實世界的
新國度？
還是我在「白天」之前，
早已駐足這裏？

我醒來，在一個
普通的清晨。灰淡的晨曦
從街道折射回來。
還是忘不了
那個高懸在樹梢上
湛藍而黯淡的夜空。
月色籠罩著廣漠的荒野，
山脈盡是朦朧的黑影。
也忘不了出現在同樣的山區
其他縹緲的夢：
我兩度佇立在峯巒上，
又停歇在最偏遠的湖畔，
沿著淙淙河水，

步向水源。
季節交替，
光線、氣候、時辰緩移。
卻是同一片土地。
我逐漸熟讀地形，
判別方位。

第三部

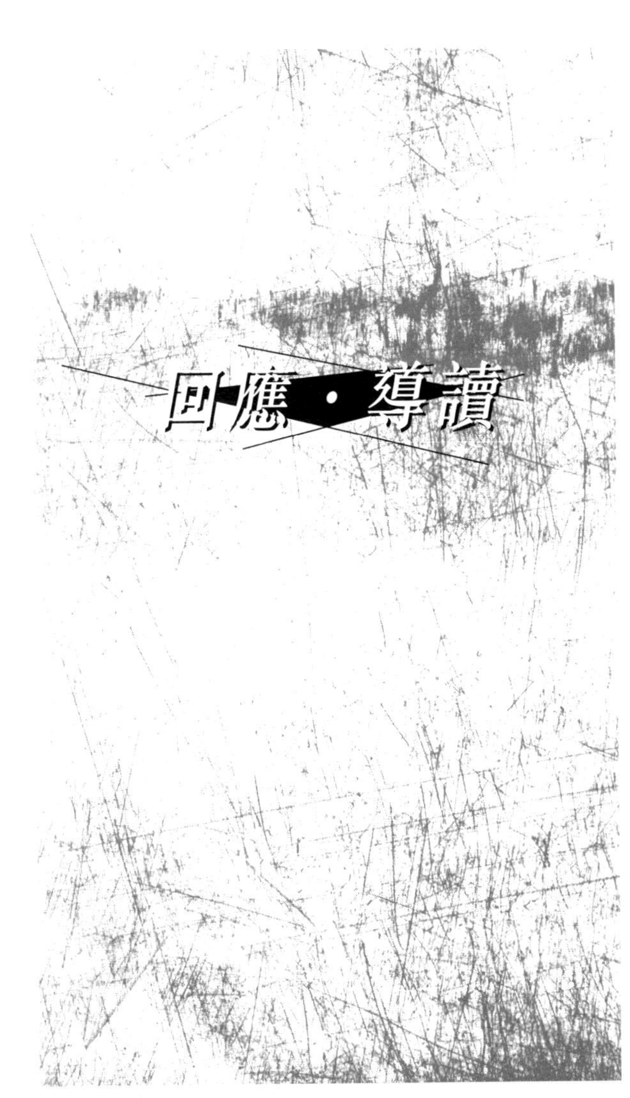

回應・導讀

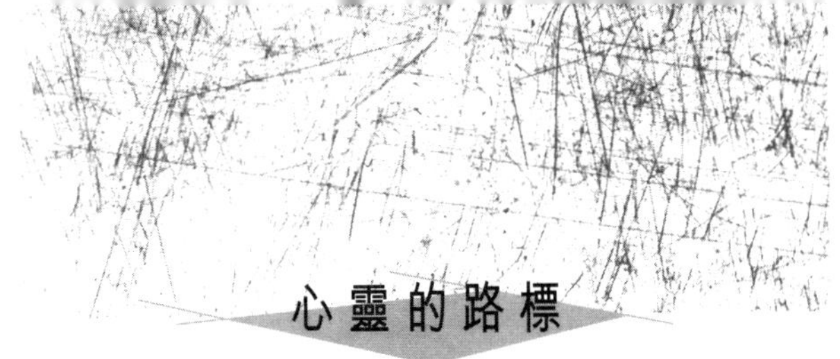

心靈的路標

許立中

香港中文大學醫學院宿舍經理

十多年前拜讀韓瑪紹的信仰札記 *Markings*，可以說主要是慕其「前聯合國祕書長」之名。 由神學家或靈修學者寫的靈修札記看過不少，可是由一位全職從政而且身居要位的「入世高人」寫的信仰作品 —— 或許除了聖經中的《但以理書》 ——印象中確實是屈指可數。可是亦正可能是由於慕名而讀，當中難免夾雜著一點好奇和不切實際的期望，以致當初讀後竟有點不外如是的感覺。

不外如是。這是從一個抽離「觀賞」的角度出發所得的感覺。正如奧登在前言中所說，純粹從一個美學（或靈修文學）的角度來看，這部警句、格言式（aphoristic）的札記確實好像沒有特別過人之處；因著其主觀內省的本質，有時甚至令讀者感到有點不明所以。這點容後再作補充。

一般讀者首先對這本書感到興趣的，多少是想窺探一下韓瑪紹本人的一些從政經驗和內心世界；然而，奉行「左手不知道右手」的原則，韓瑪紹卻正正隱去那些他所面對和處理的具體的國際事務和危機，而單單分享當中的個人體會與屬靈意義。有關他在寫作當刻所面對的具體掙扎，可以說是完全欠奉。

作者不願標榜個人，以免讀者被一些「世俗虛榮」所誤導的動機誠然值得稱許，問題是隱去了具體的處境和內容，心靈的內省就顯得有點抽象和飄緲；而經過「升華」的屬靈體會和原則，又因著刻意濾去其具體的血肉而變得有點老生常談——或如奥登所言——叫人感到好像不知曾經在哪裏看過。

另一方面，繙譯也是一個問題。奥登坦然承認他本人並不懂瑞典文，因此特別當某些句子段落的表面意思顯得有點隱晦含糊的時候，他就必須倚賴另一位諳英語的瑞典譯者為他提供一系列可能的原文解釋，以揣摸其可能的確實意思。可是韓瑪紹那精簡的寫作手法，有時就是瑞典原文本身亦不好理解。同樣一句說話，按著字面來說是一個意思，可是既然那讀起來好像有點隱晦難明，譯者也就不得不即管嘗試其他可能的進路，看看讀起來會不會比較合理和通順。只是當譯者這樣做的時候，他卻永遠不能抹殺另一個可能，就是或許作者正是要透過那看來隱晦難明的句子，去表達一個難以直述的弦外之音。這樣，更「通順」的繙譯，也就可能正正帶離了作者原來的意思。

令問題變得更複雜的，是要從英文繙譯再翻為中文（特別是那些充滿寓意、若有所指的詩文）。那意味著原文又要再經歷一次繙譯的「創傷」；並且這一次要跨越的文化屏障，比起上一次就更大了。我由衷地佩服中文譯者的誠意和毅力，也完全可以想像需要付出的精神和心力；可是如果連奧登這個現代文學大儒在繙譯過程中亦感到困難，跨越語系文化繙譯的難度也就可想而知了。

順手捻來的一個例子，是56年8月26日的筆記：譯者的譯法是「機會臨到，給予你創造的責任，你就心滿意足地配合這一刻的要求，日復一日。」就這段文字本身來說，這句繙譯並沒有違背英文繙譯的字面意思；可是放在「忐忑不安」的思路前提下，將它繙譯為「當機會臨到，給予你創造的責任，你卻滿足於應付當刻的要求，日復一日。」也就似乎更易理解。在這裏，我完全體會到奧登在前面所提到的繙譯難處。

以上是我要動筆回應這本札記時的一些具體掙扎。簡單來説，對於欠缺耐性的讀者，這並不是一本「可讀性」高的作品。

然而，倘若你了解上述的困難，又有決心克服這挑戰，那麼你或許會有一個不同層次的發現。某程度上，你接收信息的態度，將決定你所接收到的信息。這有點像我們信主前跟信主後所讀的聖經都是一樣，所看出來的東西卻有天淵之別。當然，我們本身的屬靈經驗和境況，亦在一個頗大的程度上幫助或限制我們對作品產生共鳴。

説到底，説話的人當然比他所説的更為重要。就我們的實際經驗來説，同樣一句説話，由不同的人説出來，顯然有著不同的深度和含意。正如奧登所言，韓瑪紹始終不是一個「專業」的作者，作品亦並非充滿令人眼前一亮的原創性；事實上這書本來只是一些近乎日記式的私人心靈札記。竅門是，當我們嘗試代入作者的位置去了解他的內心世界時，那些看似老生常談的道理立時變得充滿生命和立體感。畢竟，有關信仰的事情，我們所能夠知道的，原離不開那啟示了過千年的聖經。或許這就是使徒保羅説「上帝的國度不在乎言語，乃在乎權能」的意思？

這本札記記錄了一個難得認真的時代巨人信仰的心路歷程——一個刻意在蓋棺之後才公開發表的靈魂剖白。那確是一件必須嚴肅對待的事情。而倘若我們願意聆聽，當中確實充滿了飽經歷煉的睿智箴言，可以作為我們繼續前行的路標。

聖徒相通：貧乏—豐碩的靈魂

黎汝佳

五旬節會粉嶺堂主任牧師

基道出版社的同工邀約我為《痕 / 迹》一書撰寫導讀文章，寫這類的文字倒是第一次。在構思的過程中，勾起自己閱讀類似文章的一些經驗。原來在初中的時候，最先是接觸冰心的詩集開始，人生哲理詩給我一份啟迪的清新感。及後，讀印度詩人泰戈爾的哲理詩，更加愛不釋手，嚮往這類作品的興趣更加濃烈，諸如：紀伯倫的《先知》、無名氏的《異想偶拾》；巴斯卡、笛卡爾的《沈思錄》、奧古斯丁的《懺悔錄》；卡夫卡的格言、卡謬的絮語；馬丁路德、約翰衛斯理、依納爵、齊克果等的《日記》；潘霍華的《獄中書簡》、奧修的《人生箴言》、盧雲神父的《心靈愛語》、傅柯的訪問摘記等，都成為自己不同人生階段難忘的精神食糧。筆者也曾嘗試，將一些閃現腦際的思緒和感觸寫下來，作為自己生命不同時期的標記，但總是沒有有效的系統存放，在多次的搬遷中散失。雖然如此，筆者可以體會偉大的心靈與平凡之差別，並這類作品形成的經過。

「聖徒相通」是《使徒信經》的一項非常重要的條目。閱讀就是與另一個生命，在不受時空影響的情況下，彼此契通。單憑文字契通的活動，了解另一個素未謀面的心靈世界，並且能夠獲得靈裏契通的裨益，相信不外乎下面三個途徑：

1. 就好像本書英譯本序言的作者 W. H. 奧登所言：「單單閱讀 *Markings* 實在難窺全豹，必須參看韓瑪紹其他作品……」當然，能夠搜集作者的作品總集，廣泛大量搜集有關作者的編年資料，對作者不同階段的思想發展變化、及從作者特定時空和生活處境，來了解作者某部作品要傳達的訊息，必然深刻、準確不過。但相信這種閱讀的工夫，不是一般讀者能力所及的事，還是留待專事研究的人代勞好了。
2. 透過書的各個序言(包括作者自己的，或者由其他人撰寫的)，對作者的生平、寫作原委、成書的過程和目的、書的結構和思想重點，有一個梗概的理解後，才從作者的作品來思想、消化、較量、印證、契通，從中吸收人生的智慧，這是一般的閱讀活動。
3. 有些時候，一部好的作品，就連上述最基本的資料也欠奉。作者單以其作品中赤裸裸的思緒，呈獻人前，邀請人與他相遇接觸。倘若不想錯過與歷史中閃耀光芒的偉大心靈接觸的機會，就得敞開生命，在文字所呈現的思緒間游走、揣摩細嚼。

《痕/迹》這部札記，與格言和絮語有著明顯的分別。後者由無數短暫、片斷或不具延續性的思緒和感觸結集而成，代表作者不同階段，隨意飄躍的思緒、感觸的記錄。前者卻處處呈現作者個人生命最深切的關懷，經歷思想、信念的衝擊、面對人生的掙扎、挑戰，苦思之下的結晶。《痕/迹》突出了作者的一貫思路，使人有迹可尋。正如英譯本序言作者的理解：「『肉體的一根刺』使他確信他永不能冀望可經歷所謂塵世兩大美事：熾烈的戀愛與美滿的婚姻。」其次，是自殺的念頭，他認為：「韓瑪紹知道自己的問題所在，所以，有兩個想法佔據他的思想。」就是學習忘我，充當神的器皿承擔今生的召命，和走十字架的苦路，即面對人生的痛苦、世間的羞辱、肉體生命的犧牲。據筆者體會，這是一份極深的孤寂，不時蠶食作者的靈魂。在百般的痛苦煎熬中，不知在多少個漫漫長夜裏，與孤單的自我廝磨，也多次認真考慮：結束自己的生命來擺脱深透骨髓的痛苦。但他始終沒有這樣做。

1952年一段來自至深深處的呼喊：

給我一個值得為之死去的目標吧！

…………

是甚麼使孤單變成深沈的悲痛？
那不是由於無人分擔我的重擔，
而是：
我只背負著自己一個人的擔子。

既不容讓欲望使自己盲目，
又感到自己無權侵擾別人的生命，
更害怕坦露自身的赤裸，
…………

祈求—你的孤寂可以鞭策你，使你找到一個值得為之生而無悔，為之死而無憾的偉大目標。

疲倦使人對痛苦遲鈍，卻撩起叫人著迷的死亡念頭。噢！**那就是**你意圖克服孤寂的方法—藉著一次最後的逃亡，告別生命。不！死亡或許是你獻給生命最終的禮物：卻絕不能淪為你對生命的背叛。

「把自己奉上」—在你的工作上，為其他人：盡力而為，只要不是忸怩(甚或是期待別人欣賞)的行為，就是美好的。
…………

我內心世界的荒涼，是反映了我的貧乏，還是誠實？是展現了我的軟弱，還是剛強？是顯示了我已走失了，還是走對路？無邊的絕望，能否把答案告訴我？

W. H. 奧登似乎對他有欲藉過度工作而勞死的想法揣測傾向，但筆者情願選擇他在勇於與自己的孤寂相遇、掙扎和在信仰的生活中獲得消融、撫平較為合理和容易。

與不同時代的聖徒契通，是件賞心悅事，其間許多重要的生命課題，有待自己去面對和整理。每個人都有自己人生的十架路，都要經過自己真實投入生活去開墾。一位作家與一個平凡人沒有兩樣，因為大家都是上主的好兒女，擁有共同的人性，擺脫不掉習性的羈絆，都需要寬恕和拯救。分別在於人生許許多多相同的思緒和感觸，卻無法清晰表達，他們卻能以文字幽雅宣之於口，因此，平凡之輩，需要借助他們典雅的文字，與自己生命中模糊的、朦朧的、似知非知的思緒和感觸，引曳出來，叫我們明心見性，心神搖動而舒暢喝采，重獲生命的力量，更心存感激。

除了以作者深切關懷的主題，作為閱讀的方向外，另一個閱讀的方式，是順序或隨意選擇適合的條目、段落，慢慢細嚼消化，就好像閱讀靈修作品般。這種方式的優點是以自由無礙的心情，享受適合此時此刻的篇章。由於不同的讀者，在年齡、人生體驗和生命成熟程度上都有別；又作者某些思緒，現階段不能理解或暫時不能引發共鳴，可以暫時略過，容讓觸動心神的隻字片語，帶領我們進入浩瀚無邊的生命沈思境界。

由於這部札記開頭約三分一的篇幅，沒有直接表達作者的信仰內容；而最後約三分一的篇幅，卻大多以詩體的形式表達，較近於文學的作品，筆者所憂慮的，是《痕/迹》這部書的風格，與香港一般信徒的屬靈書閱讀習慣未必相應。筆者的憂慮可能完全出於主觀的杞人憂天。雖然，這正好顯出韓瑪紹的非凡才智，但惟恐教內狹窄的屬靈觀，妨礙了欣賞作者堅定的信念、崇高的理想、務實的精神和生輝的妙筆呢！這裏不能不對中譯者所下的功夫和她譯學的造詣喝采。

筆者讀韓瑪紹的《痕/迹》，好像再次在平凡得無聊的心靈，投下一塊大石，激起了無數的水花。分享一個另類聖徒的信仰的心靈成聖旅程：無教會傳統的培育、訓練，無委身群體的分享支援，作為一個世界舞台觸目的公眾人物，只能私下隻身上路，直接從極個人化的信仰，體認生命的召喚和使命。韓瑪紹整個熱切的生命完全奉獻於真理的追尋和實踐。以他這樣才華橫溢，身份顯赫，其實，愈具鋭智的人，愈能有技巧作自我掩飾，他大可提出堂而皇之的藉口，説明他的困擾和無助，無法讓正義和真理彰顯，但韓瑪紹那份面對自己的真，對追尋人生意義的執著，對工作中的愛心與正義、挺立生命的道德勇氣、謙遜無私的服務，和面對自身人性虛飾的張力下，竭力尋求以真理來生活，從信仰及公義的掙扎出發，背負肉體生命的十字架，完成成聖的旅途，以赤誠的生命來回應召命，實為歷史聖哲的典模。他活證了自己的名言：

在我們的年代，成聖之路必須途經行動的世界。

香港信徒最感挫敗和迷惑的實存處境，其間衍生的生命課題，就是工作與信仰的結合。華人教會甚少談論，卻極之迫切，也最具挑戰性。韓瑪紹《痕 / 迹》一書，正好刻載著作者這方面有血有肉的奮鬥之旅。在成功和雄心萬丈、繁忙、壓力和孤寂與獨處、衍責與盡忠、價值與意義、降服與背叛、偉大與卑微、恐懼與勇氣、權力與愛的犧牲……都能全情投入一一經歷品嘗。

要存謙卑的心就是要經歷現實，不是經歷現實與我們之間的關係，而是把現實看作神聖而獨立的；那就是從我們的安息處出發，去觀看、判斷，以及採取行動。然後，失去的或遺留的一切都會復歸本位。

正如聖依納爵所言：「全心全意而生活，就是上主的光榮。」

《痕/迹》—反省中的反省

袁蕙文

中國播道會窩打老道山福音堂傳道

看畢《痕/迹》後，筆者即時的感受好像走進一個孤寂的心靈世界。正如梅頓在《沙漠的智慧》的序言中所説，人類社會就像一艘沈沒的船隻，每一個乘客都在海中拚命地為自己的生命不斷游泳，以求能生存。韓瑪紹的孤寂並不是因為他落在茫茫的大海中，要為自己的生命掙扎求存，他的孤寂就正因為他不是要抓緊生命，乃是要擁抱信仰。

《痕/迹》是韓瑪紹的札記，也是他用信仰的角度來反省他的生命和生活的作品。承如他自己所説，這些札記是一些「定位點來惕勵自己。」(頁**156**)，雖然韓瑪紹對於香港信徒來説是一位陌生的人物，但從他的札記——這本《痕/迹》——我們可以肯定的説，韓瑪紹是一個反省力極強並對生命和生活很認真的人，因為他從不肯放棄一個簡單的思想，並將這些思想發放出點點的光芒，照耀著自己以及他人。諸如一句「你要求別人給你擔子——但擔子放在你的肩膊上時，你就咆哮了」(頁 **38**)。就將人性的矛盾充分表達出來。又或「要表現得友善，殊不困難，就是對敵人也一樣——只要我們缺乏個性。」(頁 **91**)人的「個性」並不是甚麼，只是一個真正的自己而已。所以，閱讀《痕/迹》，是絕不能一氣呵成的。

韓瑪紹在他的札記中用詞簡潔，書中每段每句都蘊涵著豐富的意思。因此如其介紹或分享這本書的內容，筆者反倒想將一個閱讀《痕/迹》的方法介紹給大家，好讓讀者用這方法親嘗書中的含意。既然這本札記蘊含著豐富的意思，我們就要用另一種速度來閱讀這書。因此筆者想起靈閱的其中一個步驟——Meditatio。Meditatio這個拉丁字包含三個基本意思：(一)將一個意思或理念反覆思想；(二)對這思想作出一個決定；(三)實踐這個決定。而筆者所強調的，就是「反覆思想」這觀念。像牛吃草，當牛將草吞進肚子裏後，牠有四個胃將食物不斷反芻，才能消化和吸收。同樣道理，我們要有足夠的空間和容量來「消化」《痕/迹》，我們才可吸取它的養分。

當然，《痕/迹》不是一本聖經，我們不需要背誦它，將它深印於腦海中；但若只將《痕/迹》當作一本普通的書來閱讀，沒有給予多一些時間和空間來運用理性思維揣摩其中詞句之意，我們便失卻書中所帶給我們的生活智慧。因此，閱讀《痕/迹》，我們就要學習反覆思想，一方面我們要運用理性作思考，惟有藉著它，我們才能領悟字裏行間的意思；另一方面，我們要騰出空間來消化，讓書中一些言下之意來光照自己的生命，對自己的生命與生活作一點整理。例如在第 **79** 頁，當作者反省「存在」的應然性問題時，他就帶出「你是甚麼人」和「你就是你」這份人看你與你看你自己的弔詭性關係。筆者同意他有自殺的念頭 (參頁 **14~15**)，但最後，他很自嘲地說出，雖然你很想你就是你，但面對現實吧，因為你仍要生活。因此，為要生存，你不得不對生活作出妥協——「『白晝還未過去』，你該思想的，是你的退休金——不是你的死亡」。既然已經生存，就為存在而努力。這樣的表達雖帶有一種無奈感，但也不失為一份生活的智慧。

在面對生命許多的批評、苦難和種種無奈，韓瑪紹仍追求生命的素質，他緊握著真誠、謙卑、勇氣、寬恕、愛心來走過生命每一個關口，當我們細嚼他對這些生命素質的洞見，我們不期然地也能在其中支取了力量，實實在在的呼喊：「每一天都是第一天：每一天都是生命。」(頁 **160**) 筆者相信他對生命素質的體會，是由於他深受一些屬靈聖徒所影響。

坦白來說，筆者看不出承如奧登在序言所說，當韓瑪紹描述自己的屬靈生命或自我倒空的屬靈狀態時，是與中世紀一些神祕主義者如埃克哈特(Meister Eckhart)、十架約翰(St. John of the Cross)又或茱莉安(Julian of Norwich)相似。 但無可否認，韓瑪紹的屬靈生命的確深受這些屬靈聖徒（特別是埃克哈特）的影響。如果我們認識埃克哈特，我們就不難在韓瑪紹追求屬靈的生命上找到埃克哈特的影子。埃克哈特被喻為中世紀一個非常「入世」的屬靈學家，默觀對他來說，是與服事社會息息相關的。因此，他對社會公義是鍥而不捨的追求，例如他肯定婦女的地位、關注貧窮人的福祉、責備商人的惟利是圖等等，埃克哈特的而且確是一個先知式的神祕主義者。承擔著這種角色，韓瑪紹也不遺餘力的向上帝攫取生活的力量，拋開種種不義之事，按自己的力量去愛。(頁 162-163) 不但如此，筆者還看見他追求與萬物共融的境界(參他的十七首詩) 就正正彰顯出埃克哈特的宇宙屬靈觀(Cosmic Spirituality)。

總的來說，《痕 / 迹》能觸動讀者的心靈是因為它存在著一份真誠，這份真誠是出自韓瑪紹的「赤忱，並無滲進絲毫的虛榮或自我關注」。就正因為這本札記是他用赤忱來記下他對生活和生命的掙扎，這本札記也將我們赤裸裸的帶到生活或存在的問題上。當你存在，你就要面對黑暗與光明、真我與假我、尊榮與羞辱、權力與責任、饒恕與記恨等等掙扎。韓瑪紹透過他的札記活生生將自己呈現出來，這份赤裸乃是叫讀者進入他的生命中，與他和自己一同去掙扎和反省，並要學習怎樣在這些狹縫中茁壯成長。故此，這本札記並不是甚麼祕笈，乃是一個邀請，邀請你與他一同分享生命的筵席。

轉載：《蘇恩佩文集》

第一冊

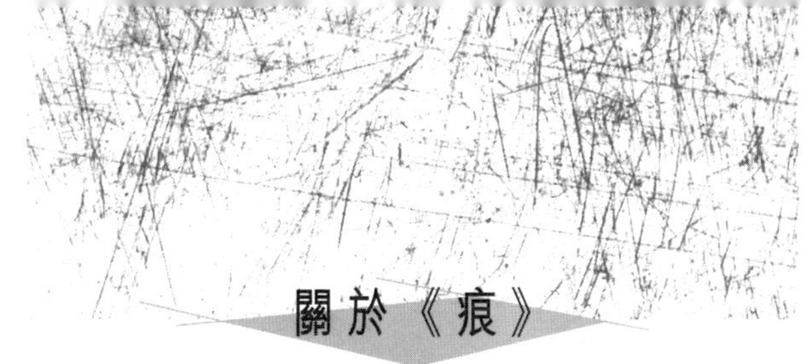

關於《痕》

李淑潔

《蘇恩佩文集》主編

有這麼一本書恩佩特別鍾愛——"Markings"，她一直有個心願把它翻譯成中文，介紹作者韓瑪紹(Dag Hammarskjöld)與人分享這本影響她生命的札記。

從一九六九年，恩佩就開始在台灣《校園》雜誌上發表，定名為《痕》，曾因生病、工作繁忙及版權問題等原因而擱下，後來再斷續進行，惜至八二年她離世時，《痕》的翻譯工作尚未完成。

去夏，終獲版權，我開始整理譯稿。發現恩佩的遺稿中，《痕》分作二部，第一部是根據在《校園》雜誌上發表過而後來加以修訂的，第二部乃零星片段的手稿，應屬於恩佩後期添增的初譯稿。全部稿件佔原著約三分之一。

---

* 第三部分獲突破出版社授權轉載自其於一九八七年出版的《蘇恩佩文集》第一冊。

因為《痕》是根據英譯本翻譯，而原著乃瑞典文，因此今次的編輯過程比較曲折，先依英譯本與《痕》對照，然後抽出疑難、問題之處請教專長翻譯瑞典文的人，與原著對照，逐句澄清。

原著是一本札記形式，記錄作者生平不同時期的一些感受，原意並沒有計畫(編按：應作「劃」)公開，所以表達方式非常個人，有時像自言自語，有時是隨想或詩句，內容相當隱晦，跟作者執筆時所遭遇的事情及環境極有相關，故此除非認識作者的生平和寫作背景，否則很難了解這本書。恩佩有鑒於此，特別寫了一篇文章——《靈魂的白皮書》作介紹，現亦一起附錄。

從恩佩收藏《痕》的英譯本中發現她寫的一些字條，有提及翻譯時的一些感想和原則，她覺得這項翻譯工作並不容易，然而她儘量採取「直譯、忠於原著(甚至用了西化的句法)，讓讀者自己去摸索……」她亦解釋了為何不取中文常用的成語及語法，旨在嘗試捕捉作者原本的思想脈絡。

今次重新整理《痕》的譯稿，更能體會恩佩這種心情，「譯上譯」實在是件苦差，無怪她沒法全本翻譯，許多片段她都在文稿旁打問號，一再刪改。並且只抽取某些時期選譯，有些時期則未有選出。

在瑞典文對照下，發現其實中文的語法結構與原文更接近(如有些主句沒有動詞，由一連串詞語組合)，內容有時還夾雜了英、法、德及西班牙語文，其他還有很多地方需要意會，揣測作者的心意，所以《痕》在某種程度上，亦算是恩佩對英譯本的領會和詮釋。

所以，這裏選錄的《痕》亦儘量保持恩佩譯作的原貌，是以譯稿中第一部為主，然後從第二部抽選較完整的片段，二部合併加以整理編校。

曾使恩佩有「捺抑不住的熱望」，執著與人分享的《痕》如今終於出版了，使人不禁興奮，一則是達成了她的一點心願，更重要的是《痕》的信息。儘管《痕》的文字多隱晦，「自我犧牲」、「奉獻」、對生命的遭遇說「是的」、「愛」的真義——這些含義不斷出現，也正是恩佩生命的縮影，又是她一生追求的目標。《痕》給予她豐富的靈感及共鳴，也蘊藏她學效的模式。所以文集選錄《痕》，不單代表了恩佩的譯作，更

具紀念恩佩奉獻的生命。

*　*　*

在這裏，謹向 Albert Bonniers Förlag AB 出版社致謝，給予版權。更蒙吳兆朋女士鼎力幫助瑞典文的對照翻譯，不勝銘感。

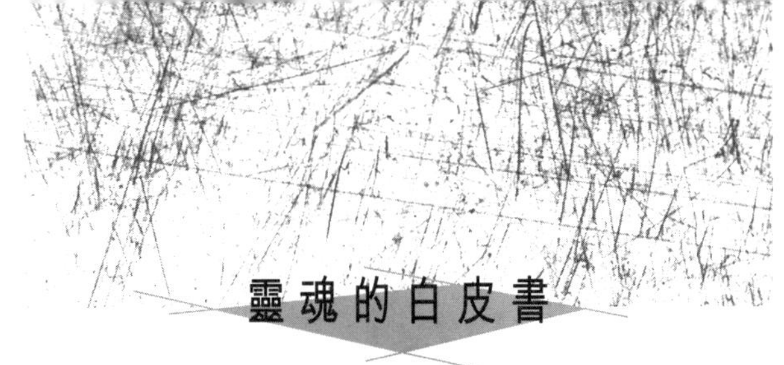

靈魂的白皮書

蘇恩佩

《突破》雜誌創辦人

聯合國大廈第三十八層樓上的辦公室屬於一個全世界最孤獨的人——聯合國祕書長。在這層樓以上除了貯水箱、電梯及乒乓球房，再沒有別的了。

頂樓——最高階層——高處的孤獨。

從辦公室的窗戶可以看到東河上的遊艇排成長龍，像一列蠕動著的水甲蟲；河的對岸，紐約市長島區繁華的市邑就像童話裏的玩具世界。紐約市的雜沓傳不到這間被空氣調節保護著的辦公室。厚厚的地氈，無聲的打字機，使這層樓悄靜得使人很難想像這是一個專門解決世界糾紛的地方。

這象牙塔式的氣氛的確是很容易引起錯覺的。然而坐在這「象牙塔」裏面的人卻擔負著神聖而無比艱鉅的任務。政治舞臺在他面前旋轉，政客們的把戲使他眼花撩(編按：應作「繚」)亂，而各種的需求和壓力使他不斷的活在緊張與威脅中。

「這是全世界最要命的差事！」——一九五三年，當韓瑪紹從他的前任手中接過這職位的時候，也從他前輩的口中得到這樣的「勗勉」。不論這是否全世界最要命的差事(雖然最終它果然「要」了韓瑪紹的「命」，這確是全世界最不容易得到人家瞭解的差事。

而韓瑪紹更是一個不為人瞭解的人。直至他死後，他的友人把他的一本札記出版了，世界才驚訝地發現這位外表冷靜、委婉的外交官的另一面。這本札記，正如他自己所說的，是他的靈魂的白皮書。

*　　*　　*

迪・韓瑪紹(Dag Hammarskjöld)顯赫的政治生涯是不必再加以渲染的。一個簡單的敘述就可以幫助我們重溫一下對這位國際知名人士的認識。韓氏於一九〇五年誕生於瑞典，系出名門，乃父曾在第一次大戰期間當瑞典的首相，從小在極嚴峻的庭訓下受嚴格的訓練，早就雕塑出他以後公開的模型。可是同時從他的母親，一位溫柔賢淑的女子及虔誠的基督徒，他承受了另一種氣質——一種不為外面世界所洞悉，卻燃燒在他裏面也染了他的札記每一頁的性靈的光輝。韓氏先後在國內有名的大學攻讀(編按：「讀」字為編者所加)法律及經濟學。還不到三十歲，他已開始在瑞典國家銀行董事會當祕書，嶄露頭角，而後來更被聘為董事長。才滿三十歲，他被委任為經濟部長，一直當了十年之久，一九四六年開始他的外交生涯，首先以經濟顧問的身分代表瑞典被派到聯合國去，到一九五一年成為瑞典派聯合國專使的副主席，而於翌年躍升為正主席。一九五三年，當他只有四十七歲的時候，這位溫文爾雅，無論在任何場合都能表現紳士風度及修養的瑞典外交官當選為聯合國祕書長。當時對許多國家的人士，他的名字仍然是陌生的，也有人懷疑他是否是適合的人選，可是五年任滿後，他被重選了，這次且是毫無異議一致通過的。

然而假如各國的首長們以為韓氏僅是一個溫文爾雅，很「安全」的人物，他們不久也就發現估計錯誤。韓瑪紹是一個有節操的人，為著忠於他的原則，他敢於向威武、向權勢挑戰。為著忠於他的原則，他甚至不惜犧牲他自己。身為聯合國的祕書長，他深深的確信他堅(編按：應作「肩」)負著神聖的國際性任務。他的觀念必須是超越狹窄的國家主義的，因為他的責任是維持全人類的和平及謀求全人類的利益。他認為首要的是對聯合國憲章負責任，而不是對那些「強國」負責任。當蘇彝士運河的糾紛發生而因強國們的不讓步演成僵局的時候，韓氏在議會的演辭中斬釘截鐵的表明他的立場：不管強國們選擇怎樣做，聯合國祕書長必須遵守憲章。只有憲章所定的目標才能左右他最終的決定。他永遠都只能站在憲章的那一邊。

聯合國的祕書長大概是最不討好的一份差事。當蘇俄集團發現韓氏並不甘願作一個傀儡的時候，便不斷的攻擊他，給他掛上「帝國主義走狗」的名牌；可是另一方面那些「帝國主義」的自由國家也並不一定支持他，事實上往往為著利益衝突的原故而遺棄他，或甚至抵制他。然而傲骨天生的韓瑪紹並不要看這些強國的臉色來行事。實在的，他最關懷的不是它們的盛衰，而是那些弱小民族的命運。在做祕書長的期間，他強烈的信念就是聯合國首要的責任是保護、扶持那些弱小的民族及新興的獨立國家。他堅守著民族自主自決的原則。他深深的相信這大多數的民眾才是聯合國真正的主人與工作對象。在他死前一年，當蘇聯要推行一項陰謀來利用聯合國成全他們的利益的時候，韓氏就公開表示：

「蘇聯或任何其他的強國都不需要聯合國來保護他們；是所有其他的小國家才有這個需要。照這樣說來，這個組織實在首先是他們的組織。……我將留在我的職位上……只要是他們的願望。」

韓氏既有這樣強烈的信念，無怪他就任不久便一步一步的進行擴充祕書長(或作聯合國)的權力。他並不以為祕書長只是一個呆在辦公室裏的「書記」，也不以為聯合國這個組織僅是一個靜止的會議機構。聯合國對他來說是「一個充滿動力的工具」，而它的祕書長在執行行政任務時應有權利隨時以行動來解決各種國際間的衝突。在他任期所發生的幾件大事中，他漸漸的顯示他是一個有行動的人。好幾次，他從聯合國大廈第三十八層樓有空氣調節及厚厚的地氈的辦公室出來，親自出馬到出事的地點——不管是在遠東、中東或東南亞——作個人訪問，嚴密的調查，及勇敢的謀求解決辦法。一九五八年寮國事件爆發後，翌年秋天韓氏感到必須親身出馬去調查事情的真相，於是毅然出發到寮國去。這次的旅程引起許多的指責——特別是從莫斯科方面——以為他有越權之嫌。這些指責反而給了韓氏一個很好的機會正式為他的行動申辯，並清楚表明他的立場：

> 「當祕書長要引起安全理事會注意一些在威脅世界和平的事件的時候，難道他必須靠新聞界的報導或這個或那個政府的報告嗎？不，當然不。他必須自己去找出真相，而很可能，像這次寮國的事件，他必須親身出馬。若剝奪

他親自去發現事實的權利，無疑就是塗掉憲章第九十九條。」

韓氏是一個有節操而又勇於行動的人。遺憾的是他的勇於行動最後竟不幸導致他的死亡。

一九六〇年，方獨立不久的比屬剛果發生了政變，其中一個省份叛離了當時合法的政府而宣告獨立。已經離開剛果的比利時軍隊馬上折返，明目張膽的作叛軍的後盾。本來是一樁內亂的事件卻因殖民地主義的利害關係(該省份有豐富的鑛產)而擴大成為國際間的衝突。剛果政府向聯合國求援，令比軍從剛果領土撤退，而安全理事會授權祕書長在必要時採取軍事行動。由於叛軍與外國軍隊聯結，頑強抵抗，並且一再食言，沒有履行撤退外軍的諾言，韓瑪紹終於派出了聯合國軍隊。這事演變下去，各種關係變得愈來愈複雜，而牽涉的範圍愈廣，國際風雲也愈緊張。聯合國的軍事行動引起了許多的指責，雖然日後清楚內幕的人指出，這些指責多半由於歪曲及誇大的報導所引起。

一九六一年九月十八日，韓氏乘專機飛赴羅德西亞與叛軍的領袖談判。經過六小時的飛行，飛機抵達羅德西亞的邊境，正準備下降之際，猝然撞向一行熱帶樹的樹梢而焚燒起來，機上十六人無一生還。這次失事的原因，雖然經過羅德西亞官方的調查及聯合國特派的代表團調查，始終成為懸案。當天晚上天氣晴朗，三位瑞典籍的駕駛員都是訓練有素的，機上的機械在飛行前才經過縝密的檢查，而在飛行中也沒有受敵人襲擊的痕跡。……

於是韓瑪紹成為聯合國最有名的「殉道者」，而他的遇難加增了環繞著他的神祕色彩。

* * *

韓瑪紹的政治生涯被歸入各國的政治、學術機構的檔案中。然而「真正的」韓瑪紹仍然不為人所知。跟他接觸過的人都不會忘記他那寬闊的前額以及額上顯著的皺紋。他的眼神透露了他的深思。他的一雙瞳人彷彿另一個世界，沒有人成功的深測它的奧祕。他挺直、秀氣的鼻樑顯示他的高貴。他講話的語調、措辭的選擇，走路的姿勢都那麼自然的、毫無誇張的流露他的紳士風度——可以說「每一寸都是紳士。」他的政場對手們拿他沒辦法，因為他從不激動，也不會讓他們有激動的餘地。新聞記者們往往被他那些「模稜兩可」的措辭弄得面面相覷，因為他們無法「確定」他的意思是甚麼。有許多人覺得他像一隻乾淨利落的貓，用自己的舌頭舐乾淨身上的毛後，便不讓任何東西染污它。他們覺得他像一隻貓那樣靈巧的、不動聲色的走自己的路。然而還是沒有人洞悉「真正的」韓瑪紹。

他本國的朋友有不少知道在他的政治活動後面，其實他是一個文人、一個學者。他自幼飽讀詩書，對哲學與文學尤其有很深的造詣。一九五四年他膺選為瑞典研究院的院士，這項榮譽絕非偶然，也跟他在政治舞臺上的地位毫無關係，純粹是他個人在學壇上的表現所應得的。

骨子裏韓瑪紹的的確確是一個「知識分子」——並且還是狹義的。有人分析他終身未娶的原因跟他那種內向的文人氣質很有關係。他自己也承認總是感到很難在婚姻上達到「彼此默契的理想」。這種「默契」(或作「共鳴」)很可能就是指著彼此對藝術、思想所產生的欣賞與共鳴。有關他這方面一直流傳著一段很有趣、也是很「典型韓瑪紹」的軼事。據說一次朋友問他為甚麼對一位極具吸引力的瑞典女郎不感興趣的時候，他一臉嚴肅、很認真的說：「她對艾略特(T. S. Eliot)的詩一點都不欣賞！」

骨子裏韓瑪紹是一個詩人。當代英國詩壇傑出的詩人奧頓氏(W. H. Auden，編按：奧氏亦即本書中的奧登)對韓氏鑑賞詩的能力大為誇獎，並且深深的感到倆人間有一種不可言喻的默契。在一篇序言裏他寫道：

「雖然我們只見過幾次面，而且每次都是很倉促的，可是打從第一次會面我就愛上這個人。他對詩的認識與鑑賞力——這是我惟一有資格評判的一門學問——是非凡的。恕我不避嫌的説——雖然這句話説來口氣有點大——，打從開始我就覺得我倆之間有一種共鳴，在我們平淡的寒暄底下，交流著沒有説出來的對話。」

然而在韓瑪紹的文人氣質底下還有一層。沒有人曾測透過這一層——直至他的札記在他死後發表。

*　　*　　*

韓瑪紹罹難後，他的親友在他的遺物中發現了一批稿件，裏面夾著一封信，是寫給他的友人巴弗萊氏的(Leif Belfrage)。巴氏也是瑞典有地位的外交官。這封信抄錄如下：

親愛的累夫：

也許您會記得有一次我告訴過您，在我繁忙的生活中，我仍然保存了一本日記。這本日記我想託您保管、處理。

開始的時候我並沒有想到要讓任何人讀到它。可是，隨著我後期生涯的發展以及所有有關我的評論與著作，情形似乎有改變的必要。這些札記是我唯一真正的「寫照」。這是為甚麼近年來我漸漸想到它發表的可能性，雖然，我只是仍然繼續為自己寫，而不是為社會人士寫。

假如您認為這是值得發表的，我願意把這個出版權委託於您——您所發表的將是一冊白皮書，是我與自己——也是與神——之間的交涉。

韓氏這些札記用他原來定的名字“Vagmarken”發表了，於一九六四年初版，一九六六年底已出現第十九版，到如今恐怕更不止此數。它的英譯本定名為“Markings”，由當代英國大詩人奧頓(W. H. Auden)執筆。奧頓氏是與瑞典籍的桑泊氏(Leif Sjöberg)合作的(因

奧氏不諳瑞典文)，由桑氏一句一語的把原文的意思直譯，再經過奧氏以詩人敏銳的心靈的體會及精湛的雕塑的筆觸(編按：「觸」字為編者所加)把原著者細膩的情感、纖秀的句子用美麗的英文表達出來。

這書的出現哄動了整個世界——在歐美尤甚。它初版不久，美國《時代雜誌》便用專欄來介紹它。假如《時代雜誌》的專欄報導可以代表世界輿論焦點的話，我們便可以稍為瞭解這本書所引起的哄動。正如一位美國已退休的聖公會會督皮保第(Bishop M. E. Peabody)說的：「每個人都擁有一本韓瑪紹的“Markings”了。不過很少人讀過它。讀過的人也沒幾個看懂了它」。

不管歐美的讀者有沒有看懂了(或看過了)這本書，最低限度他們聽過這本書的名字(或甚至擁有一本)，也略知道一點它的來龍去脈。可是這本書對中國的讀者仍是十分陌生的。據筆者的瞭解，到目前還沒有中文的譯本，也很少看到介紹這本書(編按：「書」字為編者所加)的文章。(也許是筆者的孤陋寡聞，請有識之士指正)由於筆者對韓瑪紹為人與思想的愛敬，亦由於這些札記所帶給筆者心靈深處的激動，筆者有一種捺抑不住的熱望要把這本書翻譯成中文，書名暫定為《痕》。當奧頓氏把這書譯為英文時，他遭遇到不少文化背景及語文的界限所引起的困難。同時這些札記的內容及風格本身的隱澀也是一重障礙。它不是記事的，也不是有系統的，而是一些片斷的思潮和感觸的記錄，用零碎的格言、詩句及禱文的體裁出現。這自然是它清新雋永、引人入勝之處，然而要透入韓瑪紹靈魂的深處，聆聽他與自己、他與神之間的談話，或從他對大自然事物一剎那間的捕捉與反應去體會他當時的感受，並不是易事。筆者不是詩人，更缺乏奧頓氏絕代的才華，每想起這些札記要譯成中文，不免有誠惶誠恐之感。只是這些札記所引起的激情不斷在心頭盪漾，以致不能自己，故大膽的決定先選擇其中一部分，作一個嘗試，從下期開始(十一卷二期)在《校園》雜誌發表。

*　　*　　*

韓瑪紹的《痕》所引起的哄動主要是由於它所透露的與外界所認識的韓氏公開的塑像之間驚人的差異。韓氏稱之為「日記」(其實稱之為「札記」是較適當的)，可是使人訝異的是裏面一點都找不到韓氏公開生活的任何痕跡。事實上，從頭到尾，他一點都沒有提到任何外面的事蹟、外面的行動。那完全是另外一個世界，是裏面的「行動」，是一個孤獨者幽幽的「吶喊」，是一個寂寞心靈熱情的傾訴。我們不能說這是一個「獨白」，因為事實上這是一個隱形的「對話」。這也可以說是韓氏「屬靈的自傳」：反映他對生、對死、對愛情、對痛苦的思索，反映他靈命的生長、掙扎與成熟，更反映他對所謂「十字架道路」的委身。在這裏他對自己的靈命有最嚴格的標準，對自己靈魂的真誠有最高的要求；在這裏他預感到死亡，他對「生」的觀念是一種「召喚」。

從外表看來，韓瑪紹一生事業的發展是直線上升的，是沒有間斷的成功；可是透過他的札記，我們可以看到他靈魂裏面的乾渴、焦慮、騷動、掙扎、煎熬、劇烈的痛苦、無底的孤獨。……從下面兩段我們可以一窺這位處在聯合國大廈辦公室、被許多公私朋友及從屬所環繞，為世界各國首長人民所注視的「世界第一公民」卻是如何像一隻孤獨的鳥兒躲在黑夜的森林裏，以焦灼的目光在黑暗中搜索、期望碰到另一雙焦灼的目光：

> 夜。路往前伸延著。在我後面它蜿蜒彎向那幢房子——園裏麻密樹叢黑影中的一點亮光。我曉得，在黑暗掩蔽中，在那裏有許多人在蠕動，在我的周圍，在黑夜隱藏的後面，生命的活動進行著。

我曉得屋子裏有等著我的事情。從園裏黑暗中傳來一聲孤獨的鳥叫：於是我移步——上那裏去。

甚至在最繁忙的活動中，對於那個從不曾真的「接近」過另一個人的人，有種不真實的感覺。那古老的童話：那個被魔法變成野獸或隱形的人只能藉著另一個人的愛才能重獲他的人形。

外面的活動與裏面的孤獨所形成的一種壓力往往使他對生活產生厭倦而渴望死的超昇(編按：應作「升」)：

突然你的腦海裏閃過一個思想：我生存著與否似乎都沒有多大意義的。別人，看你有一份固定的薪金、一本銀行存褶，脅下夾著一個公事包，還以為你對生存很滿足。他們所感興趣的只是你怎樣的一個人，而不是你這個人生存著。

若連死亡也要被弄成一樁社交大事，那麼，懇請讓我踮起足尖悄悄的從宴會中溜出去，不打擾任何一個人。

據奧頓的分析，韓瑪紹生就一副悲劇的性格——一種混合著自大的個人主義與及極強的自卑感的不均衡的性格。有多方面的才華卻並非一個天才(奧頓對「天才」定義是「一個單獨對一方面有極不平凡的才氣與及極濃的熱情的人」)，這就成為他的悲劇了，富於才華卻不清楚如何使他的才華發展到最高峯，富於野心卻同時深深的感到自己的不配——奧頓以為這是非常危險的一種混合，很容易導致精神崩潰或自殺。

在他早期的札記裏面我不難發現自殺的慾望常常侵襲他。韓氏自己也承認在一次汽車失事中，他昏迷前最後一個快樂的念頭：「呀，我的任務完成了。」直到一九五二年的札記裏面，他承認自殺對他依然是一種很大的試探——從他的孤獨、矛盾中的一種逃避：

> 嗯！這就是你想到去克服你的孤獨的方法——乾脆逃避生命。不！可能死亡會成為你對生命最終的貢獻：絕對不能讓它成為對生命的背逆、不忠。

不過韓氏早就深悉自己問題的所在：他知道假如他要克服這種試探，他必須學習忘我，從接受一種召喚中忘我，也深深知道這不是憑自己的能力可以作得到的。從絕望到信心的轉變似乎經過一段漫長的過程，在這段過程中一直有兩個思想佔據了他的心思；首先，他認為沒有一個人能完成他受託的使命，除非他學到忘我而成為神手中的器皿；其次，對他個人來說，他被召喚走上的道路是引到十字架的道路，即痛苦、羞辱，甚至是肉體的犧牲。他後期的札記充滿了他對耶穌基督的十字架的景仰與渴慕。

一九六一年春天，他死前幾個月，他在日記本子上寫了一段話，回憶他過去所作的一項重要的決定。他沒有說清楚這是甚麼時候的事——連他自己都不能夠確定那日期——然而這是他生命的轉捩點，當他對神、對信仰、對生命作了絕對的肯定，當他把自己完全的奉獻。用他自己的話寫出來是這樣的：

> 在某一個時候我曾經對某一位說「是的」——而從那時候開始我便確定生存是有意義的，而當我把生命完全奉獻，我便找到了我的目標。
>
> 從那個時候開始我真正體會到甚麼叫做「不再往後看」，甚麼叫做「不要為明天憂慮」。

……我到了一個地步我真正瞭解那「道路」引到一種實在是災難的勝利，又實在是勝利的災難；我真正瞭解奉獻自己生命所要付出的代價是受到非難；我又真正瞭解昇(編按：應作「升」)華的惟一途徑必須經過羞辱的幽谷。

*　　*　　*

一九六七年初，美國哈潑書局出版了一本有關韓氏的著作，書名為："Dag Hammarskjöld: The Statesman and His Faith"。這本書(編按：「書」字為編者所加)的作者 H. P. Van Dusen 嘗試證明韓氏的札記與他公開的生活並沒有不調和之處。藉著一些新資料的發掘，及透過對一些跟韓氏接觸過的人的訪問，Van Dusen 證明那顯赫的外交官與那隱密的日記作者之間並無差異。這也是奧頓氏的觀點。事實上真正詳細研究過韓氏生平的人不會對他札記的內容感到驚異的。舉個例子，那充塞在他的札記裏的自我犧牲的思想也常常出現在他公開的宣言中。茲把他委任為祕書長後的一段廣播演辭摘錄於下：

從我父親歷代軍人與政府官員的家族繼承了一種信念，乃以為人生最大的滿足在於對你的國家——或者人類——忠誠的服務。這樣的服務不但要求我們犧牲一切個人的利益，而且要有勇氣，不畏縮地堅持自己的信念。

從我母親、歷代學者與教會聖職人員的家族我繼承了一種信念，乃是福音書基本的道理告訴我們人類都是神的兒女，因此應是平等的，也應是如主人般受我們尊重的。

信心是頭腦與心靈的實況。……宗教語言的方程式所表示的應是屬靈的經歷。它所描寫的並非只有靠著哲學的定義方能解釋，事實上我們可以憑我們的官能去體驗，也可以用理性的邏輯去分析。我很晚才明白這個道理。好長的一段時間，我以理智去駁斥那從小影響我的信仰，雖然甚至在我駁斥它的期間，這信仰仍然是我生活中的導引。當我明白了這道理之後，我便真正接受，並且運用我的自由選擇它成為我個人的信仰。從中世紀的神祕家的著作，我恍然悟到一個人可以熱衷於為國家社會服務而同時又是屬靈國度忠心的一員。這兩者在他們可以和諧地並存，因為他們以「自我犧牲」為「自我實現」，他們以「專一的心志」肯定一切，能夠對他們的鄰舍的需求說「是的」，也能夠對生命所帶來的一切遭遇說「是的」……「愛」對他們來說不過是一種真正的忘我。而這種愛的表現在於他們不遲疑的負起一切責任，也在於他們對生命無保留的接受，不管生命給他們個人帶來的是勞碌、痛苦——或者快樂。

韓氏羨慕那些中世紀聖徒的信仰與生活一致，可是其實他自己的一生才真正把「默想」(contemplation)與「行動」(action)兩種素質調和到最和諧的境界。在人類歷史中這種例子實在不多。因此《痕》一書除了它的文學價值，還有其他更深刻的意義。當我們讀到這本書幽幽的、悒鬱的、甚至淒然欲絕的自白的時候，必須不要忘記這位作者外在的事蹟及對現代的貢獻與影響。他的一生也就是正如他自己所強調的：

在我們的世紀，到聖潔之路必須經過行動的世界。

*　*　*

大多數讀這本書的讀者為著它是獨特的歷史文獻；也有一些讀者從它的默想中得到靈性的供應。然而不管怎樣，幾乎所有的讀者都會像奧頓氏所感受的，覺得很慶幸有機會接觸到一位偉大、善良、可親的人物。

本文參考資料：

1. Andrew Boyd, "United Nations: Piety, Myth, and Truth". (Penguin Books Ltd., 1962).

2. Dag Hammarskjöld, "Markings", translated by W.H. Auden. (Alfred A. Knopf Inc., 1964)

3. "Time", Feb. 3, 1967.

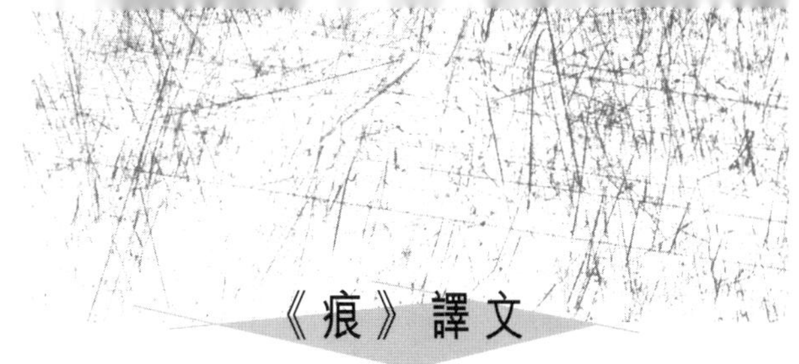

《痕》譯文

一九二五——一九三〇年間作品

我被驅使著前進，
往一個未知之地，
狹道愈走愈峭峻、崎嶇，
空氣愈來愈凜冽、鋒利。
一陣風從我那未知的目的地，
撥動起
期待之弦
仍然問著
我終會抵達彼方嗎？
那兒生命嗚*出
一個清晰晶澈的音響，
劃破寂靜
(*編按：應作「鳴」)

*　　*　　*

微笑著，坦誠而正直——
他的身軀克*苦耐勞，控制自如。
這個人已達成所能成為的人
也就是他所是的——
準備好在任何一刻集合所有的
獻上一個簡單的祭

* * *

明天我們將要相會，
死亡與我——
它將把利劍戳入
一個睜著眼的人。
然而在這期間他被回憶折磨著，
當他緬想到那幾許徒耗的光陰。
(*編按：應作「刻」)

* * *

美：那是一個音符，當它飛躍而過，心弦為之顫動；那是血液的閃爍，在陽光照耀中，從皮膚底下透射出來。

美：那是一陣清風，使旅人精神振發，不是幽暗通道中令人窒息的熱氣，在那裏乞丐們搜掘著黃金。

在你要走下一步之前，千萬不要低頭下瞧忖度地面的安全；

惟有那定睛在遠方的水平線上的人方會找到他正確的途徑。

*　*　*

生命只向征服者屈服。永遠不要接受那些從讓步中得到的。你若這樣作不過等於依靠偷來的貲財飽腹，你的肌肉也會縮萎。

*　*　*

不要量度一座山的高度，直到你抵達峯巔，
然後你就看出它是多麼矮。

*　*　*

有時候他會說：「你，最低限度比別人好。」然而更多時候他會說：「為甚麼你該比別人好？要不是你現在就是你可能成為的人，不然你就不是——跟別人一樣。」

*　*　*

你應該努力嘗試的——活出你自己的本色
你應該在禱告中祈求的——成為一面鏡子
按著你所達到清心的程度，反映生命的偉大

每一項行動與每一種關係都是被沈默的氣氛所包圍。友誼不需要言語——友誼是從寂寞的煎熬中得到解脫的孤獨。

*　*　*

假如你的目標並非出於你內心最深處的悲憫之情，那麼，即使勝利也只不過使你更痛楚地洞察到自己的弱點罷了。

*　　*　　*

人生所求於你的，不過是你擁有的力量。唯一能表現的特技，就是—沒有臨陣退縮。

*　　*　　*

我們自己身上帶著因果報應：昨日的自我欣賞很自然地種下了今日的自疚。

*　　*　　*

他忍受失敗而不會自憐，接受成功而不會自羨。
只要他知道自己已付出最後的一文錢，
他不再在乎別人對他的成果怎樣想。
一個法利賽人嗎？主，祢知道他從不曾自視為義人。

一九四一——一九四二年間作品

他站得筆挺的——就像木栓的頂端一樣，只要機件的彈簧不斷衝擊著它。他頗為謙遜——因有相當強的優越感。他的野心並不太大——他只想過一個自由自在的生活，而他對別人的失敗，比對自己的成功，更感到慶幸。他救了命，因為從不作任何冒險——然後他就抱怨說別人都誤解了他。

*　　*　　*

「一羣不幸的人組成的隊伍。」為甚麼我們常認為這指的是「別人」呢？

*　*　*

你那些出於人性慾望的渴求不會因著你是向神而求的就變成禱告。

*　*　*

當你費了一整天的時間防止人家忽略你，然後各種聲浪靜止，環繞著你的只有空虛——這不正是你應得的報酬嗎？

*　*　*

賦予生命價值的事物，你可以找到——也可以失去。然而永遠不可以擁有。「有關生命的真理」更是你不能擁有的。

*　*　*

你怎能以為你可以保持聽覺的能力，當你根本從來不要好好的聽？

——你以為神必定會有時間給你，這似乎是理所當然的，就正如你沒有時間給神一樣。

*　*　*

房子空著的時候，魔鬼就不請自進了。對其他客人，你是要先把門打開的。

*　*　*

「要依我的條件。」——一個人若以那標誌而活，就是在求獲真道時，要付出孤單的代價。

*　*　*

要從那熱氣騰騰的、稠密的叢林，從那為光榮、為權勢、為利益爭戰的戰場中走出來；——要從你自己設的陷阱和障礙中逃出來；只有一個途徑，那就是——接受死亡。

你愈專心聆聽裏面的聲音，就愈能聽得清楚外面的聲響。也只有肯聽的人才有資格講話。這是否就是那起點，循此徑可達到你兩個夢想聯合的實現——求神賦予你以清晰的頭腦去反映人生，以純潔的心靈去鑄造人生？

*　*　*

對人生持開放的態度會使我們閃電般快速地洞察別人的生活狀態。所需要的是：與你的問題掙扎，直到你能將它情感上的結，清楚地以理智分析出來——然後就按著理智採取行動。

*　*　*

別人的稱讚使你想嘔吐——可是若有誰不賞識你，那人就遭殃了。

*　*　*

窄路——為別人而活以挽救自己的靈魂。
寬路——為別人而活以挽救自己的自尊。

* * *

你若縱容心中的獸性，終必成為野獸；
若縱容虛假，終必喪失對真理的權利；
若縱容殘酷，終必失去敏銳的感應力。
誰想保持自己的園地整潔，一定不會留下一角來種雜草。
你是自己的神——當你發現狼羣在冬天底荒涼的雪地上，遍野追逐你的時候，你就感到驚訝。

* * *

在人生的書架上，神是一冊有用的參考書，總是在手邊，卻絕少去諮詢。在誕生那刷新的時刻，祂是一聲歡呼和一陣清新的和風，過得太快令記憶無法捕捉。然而當我們被迫正視自己的時候——那時祂昇起，超越了我們，真實得令人驚恐，超過所有的辯駁和「感覺」，比所有的自衞性的失憶都更強。

* * *

達到認識自己的途徑並不通過信心。然而只有當我們不斷追尋我們心靈深處那飛逝的亮光而達到認識自己的時候，我們才會明白甚麼是信心。多少人給趕逐到黑暗中去，只因他們空談信心，以為那是可以用理性理解的，是一件「真實」的東西。

一九四五——一九四九年間作品

她早曉得事情不會有好轉的，不會有甚麼改變的。他對他的工作已經失去興趣，不再下任何功夫。因為，他說，他沒有自主權。而現在她坐在那兒為他的自由禱告，她不住禱告，因為她要使自己相信他的確受到不公平的待遇，只要他有自主權，他就會重新做個大丈夫。她要使自己相信好讓她可以維持對他的信心。其實她早曉得真正的答案是甚麼，不過她必須強迫自己去聆聽：在這現代社會混亂的經濟情況中，他就跟任何一個人一樣的自由，而任何外來的變動只會帶給他新的失望。歷史會重演，而他會發現一切都沒有改變過。

是的，是的——其實她還知道的更多：她早知道根本不會有出路。因為在他老是講自由的背後，隱藏著一個小孩要克服死亡的願望，一種對任何工作的冷漠，要是這工作的果效不屬於他的，即使在他死去很久以後。——然而她還是坐在那裏禱告。

*　　*　　*

我們還不能弄清楚發生了甚麼事，他已飄得太遠了。我們再不能做甚麼。我們只見到海底的逆流愈來愈快地將他捲離岸邊。見到他無效地、疲累地掙扎要碰到他腳下的陸地。

那時候只有一種盲目的本能驅使他要救自己的生命：在他的腦海裏他早已將自己與現實割斷。雖然如此，當他偶然被迫想到自己的處境，他自衞地向自己解釋說我們這羣人的情況比他更糟。而那時候我們還不覺得問題有甚麼嚴重。在那最後的一刻當潺潺的漩渦將他捲下去，恐怕他仍是緊緊抱著那種想法吧。

他的情況一直都是這樣的了。他一直都像小孩般倚賴別人對他傾慕的感情，以為美好的友誼是很自然的，甚至對那些冷漠或含敵意的人，他也毫無芥蒂。他一直都活在這樣的假想中——不過，也不自覺地努力去製造一些可能不存在的友誼，也往往對別人有一些投其所好的傾向，卻又同時懼怕會與現實衝撞而粉碎他的夢想。當別人指摘他說過的一些話，他就否認曾這樣說過。而當再無可訛賴，他認為這是對方不平衡的病徵；漸漸地，他的嘴邊不住掛著「精神病」這個詞了。

咳，到底當我們第一次意會到他已經走得太遠不能回頭的時候，我們的感覺是怎麼樣？

* * *

一個淒寒的日子，他無法排遣自己，只得到街上去躑躅——隨著人潮躑躅。

緩緩地，像一個無生命的物體那樣的笨重，時或停下來，時或轉個彎，在碰到人潮 匯集之處，就是那樣不在意地，閒散地迴旋著。緩慢—— 且灰暗。這個十一月的日子已將盡，夕暉從一堆低而冷的雲靄後面漸漸消滅，然而薄暮卻沒有帶來一點緩和或平靜的希望。

緩慢且灰暗—— 他搜索每一張臉。然而那些漫無目的地，沿著灰暗的溝道躑躅的人們也都像他一樣——都是失去了放射能的原子，一個一個無盡的連環所連繫的空無。

「但求此軀能化為光與歌。」惟願能掙脫這個塑像，這個在世界的人眼中看來有你的名字的塑像，這個由於對社會的野心或僅是意志的力量在你意識中構成的塑像。掙脫，然後跳下去，下去—— 憑著信心與盲目的奉獻。傾向另一個，另一個……

敢於冒險——

　　在黯淡的光線中他搜索每一張臉，所看到的只是他自己卑鄙的形象無窮的變化。可能但丁所能想到給那些從不敢冒險的人的懲罰也不外如是吧。——要達到完美，我們必須經過，一個一個的經過，完全抹殺自我的死。而在這邊，他永不可能找到任何人曾經過此路。

*　　*　　*

季節尚早，蛇頭形的貝母還沒有長出來。然而五月的天空在平原上照得高高的。閃爍的陽光和雲雀的啁啾混和成一種冷靜的狂喜狀態。是融雪的氣候了，河裏泥土色的流水快捷清爽地湧著。

在河牀主流處，一捆黑色的東西慢慢轉動。一張臉孔掠過，一聲呼喊。它主動地一次又一次將臉孔埋在河水底下。

沒有雲彩將日光掩蔽。雲雀的歌聲也沒有止住。然而河水突然變得骯髒和冰凍——想到被那沈重的東西往下拚命拖向死亡就引起一種欲嘔吐的感覺。而這種感覺比對危險的恐懼更使人癱瘓。是懦弱嗎？無論如何，這個字必須要講出來。

她走到斜堤的末端，然後涉足經過泥巴直至水深之處，讓潮水將她帶走。可是她沒有沈下去，水流把她沖回來。一次又一次的，她費盡力氣，張開嘴巴又把她的臉埋下水裏。這次不能再失敗了。她聽到岸上有喊聲。假如他們……

在施人工呼吸的過程中，他們袒露了她的上身。她的身子仰卧在河岸上——在不可接觸死亡孤獨境界中，已超越了一切人間的赤裸——她底白色紮實的乳房向陽光聳起——一具大理石塑造的英雄的軀體埋在柔軟的草叢中。

* * *

槍聲一響，他側身倒在楓樹底下。

七月下旬的一個日子，濕氣很重的薄暮裏，空氣凝固著，濃濃的樹葉影子使暮色更濃。他側卧著，頭部的輪廓鐫鑿得美好，卻仍是未成熟的——在灰暗的沙上顯得清白，腦穴有一個小小的傷口。在這幽暗的暮色中，只有從鼻孔湧流出來的深紅的血是有顏色的。

為甚麼？——在這灘血之上再沒有問題可以達到你選為歸宿之所。也沒有任何字眼可以呼喊你回來。——那永恆的「彼方」——在那裏你與我們隔離，因為早在子彈打中腦穴之前你選擇了一種死亡。

* * *

當時大概一定是九月下旬吧。不然，可能就是我的記憶故意為那次的事件挑選了一個適當的季節。

「我們兄弟姊妹們在家裏多麼愉快。我還記得我們全體都在一起度過的那些聖誕節。那時候誰相信生命會變成這樣隔離呢——」

那番話和壓抑的語調我現在都記起來了——三十年後——看著她的女兒為自己的童年及自己的人生寫上同樣的墓誌銘。

* * *

車子正走下坡駛進谷中，在最後一個轉彎的地方他失去了控制。當車子撞在路旁而傾覆的時候，他最後一個念頭是「嗯，最低限度我的路程走完了。」

他唯一的、疲憊快樂的念頭。

然而並不是如此：他還要繼續活下去。可是卻不能繼續「這個」旅程了。當他神志清醒過來，而這硬硬的世界再次在他眼前變得真實起來，他幾乎無法抑止他的眼淚——自憐與失望的眼淚，因為他的假期計畫給破壞了。

前後兩種反應都是非常真實的。儘管我們不會再留戀生命，可是當生命不實現我們的願望的時候，我們仍然會像小孩子般抱怨。

*　*　*

這個人真沒他辦法。不是說他不好，注意自己的工作：相反地，他對託付給他的工作不憚煩地盡心竭力去做。可惜他表現的態度使他與每一個人發生衝突，結果對他所做的每一件事產生了不良的效果。

當問題真的發生了，必須要爆出事情的真相，他就把責任怪到我們身上：他說自己的行為絕對正確，沒有一絲錯處。他自視那麼高，完全因為他強烈地相信自己的清白。當我們一步一步地提出他辯護中的矛盾之處，又當我們一絲一絲地，使他看清楚自己的盧山真面。這使我們感到非常殘忍，不過為了對得起其他的人，我們必須這樣做。

當我們將他最後的一點虛假都剝下來，感到再不能說甚麼了，他爆出了抑制的嗚咽。

「但是為甚麼你們從沒有幫助我們，為甚麼沒有告訴我該怎麼做？你們曉得我一直以為你們是和我作對的。恐懼與缺乏安全感驅使我走上這條路，而現在你們卻為此定我的罪，我實在太為難了——每件事都不對勁。我記得，有一天，我好開心：因為你們中間一位稱讚我做某件事情做得好——」

嗯，結果還是我們的錯。我們沒有坦白指出他的問題，但我們卻因此而從不給他一句稱讚，結果阻塞所有能助他進步的途徑。

永遠是比較強的一方該受到怪責。我們缺乏了生命的忍耐。每次當生命的一個特殊的實驗在我們眼中看來是失敗的，我們就本能地將我們對那個人的責任推掉。然而生命繼續進行她的實驗，遠超越我們的判斷。這也是為何有時候看來，生活比死亡要難得多。

一九五〇年間作品

黑暗將臨* ——

——於是地上所有的歡樂都算不了甚麼，若與這個應許比較：「我在那裏，叫你們也在那裏。」(《約翰福音》十四：3)

在一陣旋火的消滅中，
在暴風雨的毀滅中，
及死冷的犧牲的行動中，
你會歡迎死亡。
然而當它在你裏面慢慢地生長，
日復一日，
你便受痛苦的折磨，
在一種籠罩著你生命的無言審判下受折磨，
而葉子在愚人的樂園裏落下。

* * *

選擇者的幸福在於他能否與被選擇的相配合，
鐵銼屑的安謐，得自對磁場的強力的順服——

---

* 譯註：這一句引自一首瑞典人非常熟悉的聖詩 "Den Korta stund jog vandrar här" 是一位主教 (Bishop Franź Mikael Franzen)1814年所作。韓馬紹的母親在生時，每年大除夕晚上都向家人朗誦這首詩。這首詩導人思想人生的短暫，最後一節提到「黑暗將臨，我們留下一切世上的財寶」，明顯的是指以歡悅的心情迎接死亡。這個思想在韓氏心中佔著很重要的地位。

坦蕩得自安息和諧中的心智把所有內涵完全倒空，
這種快樂此時此地可獲，
就在這與永恆互相連貫的一剎那。
一種在你裏頭的快樂——卻不屬你的。

孤獨的痛苦從死亡的暴風中心帶來陣陣疾風：只有屬於別人的才真真能成為你的，因為只有你所付出的，或是因著接受而產生的感激中付出去的，是從虛無中搶救出來，這虛無很可能成為了你的生命。

*　*　*

膝上的狗假裝是羊，但卻與狼羣一同去狩獵。

*　*　*

我曾經看見你冒險，或負起一個責任——動機是出於懶惰、無知、或怕在場的人看見(雖然可能只是你自己在鏡中的影子)。他的心臟與樹液的循環和河水的流動和諧地跳躍嗎？他身體的動作與大地的節奏相配合嗎？不，相反地，他的頭腦，缺乏了敏銳的感官的氧氣供應，已經耗盡在「背叛、權術、利益」等等上面——只有圍困在四面牆中才有用處。他是一隻養馴了的野獸——他本能的力量已經用盡了，卻是沒有達到甚麼目標。

*　*　*

他是一個曾以荒野為枕頭，曾喚一顆星為兄弟的人。孤獨，不過，孤獨也可能是一種感通。

*　*　*

一個不算自大的願望：願我們的所作所為對人生會較之一個男人的晚禮服對他的消化功能多起一點作用。然而事實上不少我們自詡為成就的不過只像一襲禮服，藉以在喜慶的場合遮蔽我們的赤裸。

*　*　*

你覺得很難原諒那些在少年時期就享受到該是成熟以後才會有的利益。其實，不要說別的，你為甚麼不想想一個遲熟的少年所享受的長長的春天，這不正可以平衡過來嗎？

*　*　*

他一直呼吸著一種充滿了他自己屬靈生命燃燒出來的產品，他記起曾經讀過在某一個製琉璜的工廠附近，即使是一點點的植物也不能生存，除非能遮蔽住不受風吹。——「這是甚麼時候發生的？」他問自己——「它的影響力會延續到下面的幾代？」

*　*　*

無論如何，你雖然對其他的人相當輕視，卻仍嘗試去贏取他們的尊敬(你已經保衛好自己的自尊)。

*　*　*

隨著時間的過去：名譽增高，才能卻減低。

* * *

付出與接受同情：無疑他的同情心是真實的——若看為一種病徵而言，他有先天的傾向要將別人生活的內容填滿自己的生命。

* * *

也許偉大的愛永遠得不到回報的。假如它得到相對的一方付出溫暖與庇護，也許反而會妨礙了它發展到成熟的地步。

它沒有「給」我們甚麼。然而在它那孤獨的世界，它引領我們上到最高處進入遼闊的境界——透視。

* * *

當他告訴我他有許多朋友，也很易交上新朋友，和他們混得很熟，他的話給我很大的打擊，像很小心計畫好的。問問題變得非常沒有意義。

過了很久以後我才瞭解，瞭解我當時如此難過是因為我的愛心遠未夠成熟到成為——愛心。瞭解他當時的反應，是出於自衞本能，而且基於確信那一條路為我為他是對的。

* * *

「自愛」裏面包含一種貪婪的成分是我們的語言找不出適合的音韻來表達的：Mon chèr moi-âme et corps —— tu me fais un grand plaisir!(註)

你的自愛若非受到庇護也不會盛開。方法是很簡單的：不要將你自己委身給任何一個人，因此，也不要讓任何一個人走近你。簡單——而決定性。「自我」努力庇護自己的愛的過程中，會在「自我」的週圍製造一種冷漠，漸漸地滲入裏面，直到最中心。

* * *

飢渴是我的家鄉，在激情之國土。渴慕相交，渴慕公義——一種建立在公義上的相交，與一種在相交裏完成的公義。

惟有生命方能滿足生命的要求。我裏面這個飢渴是可以得到滿足的，因為生命的性質就是：當我成為他人的一條橋樑、公義的聖殿裏一塊基石的時候，我個人獨特之處也得以實現。

不必懼怕你自己，讓你的個體完全活出來——只是要為別人的好處。別為著要買得「相交」而模倣人家，或被傳統所束縛代替了努力去活出公義。

成為自由與負責任的。這是人被創造唯一的目的，而一個沒有走上本可以屬於他道路的人就會永遠失落。

* * *

「把別人看作目的，而永不要看為手段」。而惟有自己能成為手段的時候才把自己看作目的：把主體與客體

註：原文是法文，為保存它的韻味，沒有譯成中文。意思是：我愛我自己！

之間的分線轉移到另一個位置，以致主體，縱使主體在我裏面，變成在我外面，在我之上——以致我的整個人變成一個工具，為那比我更偉大的。

* * *

神不會死亡，當我們停止相信一位有位格的神祇的時候；然而我們卻會死亡，當那一天我們不再被那穩定的，每日更新的光輝所照明，這光輝發自一種驚異，其來源是超越任何理由的。

一九五一年間作品

「缺乏個性——」我們太容易把「缺乏個性」與「寬廣」混淆。往往我們會有一種怕為自己的信仰站起來的恐懼，一種易受別人的信念所左右的趨勢，或根本就是一種個性的缺乏——誤認為剛強、成熟的人覺得的需要，把對方的觀點作公允詳細的考慮。

這是一個捉迷藏的遊戲；當魔鬼想捉弄我們的缺乏個性之時，他就稱之為「寬廣」，而當他想要窒息我們學習寬廣的初次嘗試，他就稱之為「缺乏個性」。

* * *

人選上了一條路之後就不可能走其他的了。若不接受這個定理的人，只好讓自己相信，唯一合邏輯就是停留在十字路口上。

然而不要責備那個真的選上了一條路的人——也不用稱讚他。

* * *

當你達到一個地步不再期望任何反應，那麼你就真的可以給予，而對方也能夠接受，並且是感激地。當「愛」成熟了，因著「己」的溶化成為光，變成一道光輝，然後「愛人者」才可以從對「被愛者」的倚賴中釋放，而「被愛者」也才可以因著對方的釋放而變得完全。

X ——外表焦躁不安，裏面苦修禁慾，感情上敵對女性。似乎正是符合獨身者的類型，然而這些型態之間卻沒有任何因果的關係。那些「較正常」的類型，他們就是闖到遼闊的天空底下，仍然拖帶著辦公室與臥房的氣氛；可是與他為伍，就是圈在厚厚的牆壁中，低低的天花板下，你也將被領進一個自由與真實的天地裏面。他的撫觸是輕的，卻是比其他人的都更準確與敏感。他的音調一點的變化也能繫結，一個眼色也能聯合。

我友，那孚眾望的心理學家，滿以為他的診斷是十分有把握的。其實他絲毫不瞭解，絲毫不瞭解。

* * *

突然你的腦海閃過一個思想：我生存與否似乎都沒有多大意義的。別人，看你有一份固定的薪金，一本銀行存摺，脅下夾著一個公事包，還以為你對於生存很滿足，他們所感興趣的只是你是何等人，而不是你這個人生存著。

*　*　*

若是連死亡也要被弄成一樁社交大事，那麼，懇請讓我踮起足尖悄悄的從宴會中溜出去，不打擾任何一個人。

*　*　*

夜。路往前伸延著。在我後面它蜿蜒彎向那幢房子——園裏麻密樹叢黑影中的一點亮光。我曉得，在黑暗掩蔽中，在那裏有許多人在蠕動，在我的周圍，在黑夜隱藏的後面，生命的活動進行著。我曉得屋子裏有等著我的事情。從園裏黑暗中傳來一聲孤獨的鳥叫；於是我移步——上那裏去。

一九五二年間作品

一切之中最難的乃是——死得合宜。——這是一場無人倖免的考試——而究竟有多少人通過？而你呢？你祈求足夠的能力來應付這個考驗——同時也祈求「主考官」顯出慈悲憐憫。

*　*　*

永遠不要「為著息事寧人的緣故」而否定你的經歷或信念。

*　*　*

給我一個可以效忠至死的目標吧——！

四面牆壁竚立

默然而冷寂，旗幟

在風中飄曳。

甚麼使孤獨成為極深的痛苦

不是因為沒有別人可以分擔我的擔子

而是因為：

我承擔的只是自己的擔子。

* * *

祈求上主，讓你的孤獨激勵你去尋到一個能為之而活，也偉大得值得為之而死的目標。

* * *

疲憊減緩了痛苦，卻喚醒了誘人的求死意念。嗯！這就是你想到要克服你的孤獨的方法——乾脆逃避生命。不！也許死亡會成為你對生命的最終貢獻：絕對不能讓它對生命反叛不忠。

「付出自己」——在你的工作上，為他人；這是好的，只要你不是十分自覺地做這些(或者，甚至是抱著一種期待別人佩服的心情。)

* * *

我所要求的是荒謬的：即人生要有意義

我奮力以求的是不可能的：即我的人生要獲得意義

我不敢相信——也不知道怎麼能叫自己相信——我並不是單獨的。

* * *

我這個世界的蒼涼到底反映的是我的貧乏抑我的誠實，顯出軟弱抑剛強的徵狀，表示我已經離開了我的道路，抑我仍是走在其上？——難道絕望會給我答案？

* * *

「——一個意義」。一個十七歲青年口中說出這個是可笑的，因為他根本不懂他在說甚麼。如今，年已四十七歲的我說這個也是可笑的，因為我雖然清楚知道自己寫了些甚麼，卻並不能阻止自己這樣做。

* * *

你這種與人溝通的渴望是多麼的可笑！為甚麼你就是那樣渴望最低限度能有一個人看到你內裏的生命？你為甚麼要寫下這些？當然是為你自己——不過，恐怕也是為別人？

* * *

孤獨並非引致死亡的疾病。不，然而除了死亡，還有甚麼能治癒它呢？而豈不是愈接近死亡，便愈難忍受孤獨嗎？

一九五三年間作品

「——黑暗漸近——」
為著過去臨到的一切——謝謝！
為著未來將臨到的一切——是的！

* * *

善良是如此簡單的一件事：永遠為著他人而活，
永不尋求自己的利益。

* * *

在抉擇的時光——如這一刻——當神採取行動的時候，是帶著一種嚴厲的、有目標的行動，一如索福克利斯的戲劇手法。時辰一到，祂就取去那屬於祂的。你還有甚麼可說的呢？——你的禱告已蒙應允，你自己知道。神對你有祂的計畫，雖然祂所要求的你當時並不喜歡。
神，祂「降低祂要抬高的。」

* * *

不再是我，乃是神在我裏面。

* * *

成熟：除了其他的表現之外，還包括「自覺」的擺脫——那種境界只有當你對自己的命運能絕對同意，因而對自身能完全漠視的時候方可達到。

一個已把自己置於神手中的人，在面對他人的時候就可以自由洒脱：他與他們相處再不會感到侷促不安，因他已授與他們審斷的權利。

*　*　*

「他們的人生建立在神裏面也靠神得以維持，他們不會有任何的驕傲；因為把神賜給他們一切的好處歸給神，並不彼此求榮耀，而在一切的事情上把榮耀歸與神。」(聖亞奎那斯)

*　*　*

歸根到柢，「犧牲」這個詞是甚麼意思？或甚至「給予」這個詞？一個本無所有的人不能給予甚麼？所付出的原屬神的——奉還給神。

*　*　*

自由乃是可以站起來把一切留在後面——並不回顧。乃是說「是的——」

*　*　*

對生命說「是的，也就是同時對自己說「是的」。

「是的」——甚至對自己裏面，那最不願意使自身由軟弱改變為剛強的成分。

*　*　*

除非藉著信，沒有人是真正謙卑的。軟弱的面具或法利賽人的面具，都不是謙卑的真面目。

同樣的，除非藉著信，也沒有人是真正驕傲的人，所表現的虛榮心之各種形態並不是真正的驕傲。只有在信心裏，產生真正的謙卑與驕傲：就是說，活著，深深知道在神裏面我一無所有，然而神在我裏面。

*　　*　　*

哦，只願我能長進：更堅強、更單純——
更安靜、更親切。

一九五四年間作品

「——黑夜漸近——」
讓我完成我曾被允許開始作的。
讓我付出我所有的，縱然沒有任何保證我會得到更多。

*　　*　　*

只有一個在每一刻都盡上他所能的人方可獲准從前線休假，
在他隱沒入黑暗之前，「敵方」的哨兵是不眠不休的。

*　　*　　*

「信心是神與靈魂的結合。」
信心——是不能理解的，更非等於我們用以解釋它的定義的那個公式。
在一個隱晦的黑夜裏。靈魂的黑夜——黑暗得以致我們不可能在那兒尋覓信心。客西馬尼園之夜，當你僅剩下的朋友也睡著了，其餘的人都尋索你命的，而神沈默著，在婚禮完成的一剎那。

*　*　*

我們犯了過失那份責任是我們的，然而我們有所成就的那份光榮卻非我們的。人類的自由是一種可以出賣神的自由。神可以愛我們——是的——然而我們的反應卻是自動的。

*　*　*

祢這創造我們成為自由的，稱這洞察一切事情——而同時又掌握最後勝利的，

祢這些時日是我們當中忍受著最
　　深孤獨的，
祢——也是在我裏面的，
讓我背負祢的重擔，當我的時辰
　　來到，
讓我——

*　*　*

「現在」這一刻雖是「過去」的後裔，也懷孕著「將來」，卻永遠是在永恆裏存在的——是「時間」與信心的無時間性之間的交切點，因此也就是不受「過去」與「將來」約束的自由的一刻。

祢這在我們之上的，
祢這在我們之中的，
祢這——
也是在我們裏面的，
惟願所有人能夠看到祢——也在我身上，
惟願我能夠為祢預備道路，
惟願我能夠為著將要臨到我的一切感謝祢，
惟願我也不忘記別人的需要，
保守我在祢的愛中，
如同祢願意所有人也被保守在我的愛中。
惟願我這個人所有的一切都是為著祢的榮耀，
也惟願我永不會沮喪。
因為我是在祢的手中，
而在祢裏面乃是一切的權能與良善，

賜我一顆純潔的心——使我能看見祢，
一顆謙卑的心——使我能聽見祢，
一顆充滿愛的心——使我能服事祢，
一顆充滿信的心——使我能住在祢裏面。

一九五五年間作品

盧彌：愛神的人除了神以外並無宗教。

靈魂的眼睛的注意力愈單純，她裏面的力量就愈堅韌。可惜我們很少發現一個靈魂是完全自由的，完全不受她自己裏面某些隱密的私欲所玷污的。那麼，努力吧，努力滌淨你的眼睛注意力，直至它成為絕對簡單純一。

* * *

在一張洗得很乾淨的桌布上，最細微的污點也會很惹眼。在高處，一瞬間的自我放縱可能就等於死亡。

* * *

「對純潔的人一切都是純潔的。」可是若一個人必須妥協方能達到這種地步，那麼他的努力本身就是一種污點。在這種事情上並無程度之分別。

「甚麼？他要來嘗試教我！」為甚麼不可以？沒有一個人不能作你的師傅。在那位藉著各種人向我們說話的神面前，你永遠都是在幼兒學校最低班裏面的。

* * *

你的地位並不給你發命令的權利。它只不過加給你責任要你活出一種生命，使別人能接受你的命令而不會有被羞辱的感覺。

* * *

你不是一個好聽眾，又是一個更壞的讀者。除非那次的談話或那本書是有關你的，於是你就集中注意力。你真是那麼注意你自己嗎？

* * *

「耶和華啊，榮耀不要歸與我們。……要因你的慈愛和誠實歸在你的名下。」(《詩篇》一一五：1)

* * *

心情煩躁嗎？真原因不是很顯明了嗎？一旦當你偷偷地，私底下為自己求榮耀，你就再無法將你的輭弱變為剛強。於是你就陷入試探裏面，而失去那種確定的信心，那種使得對命運說「是的」成為本身有其必然性的信心，因為這樣一種確定的信心本來就不可能建立在任何的謊言上。

* * *

你是否仍須喚起過去自己招來的回憶才能熄滅那在你胸中悶燒的自我欣賞？

保持心靈的純潔其中一個意義就是能擺脱所有這些半調兒：

講話時的一種語調使你的身分顯得突出，私底下暗暗容許肉體的一些慾望存在而忽略了靈的願望，以及在別人落在輭弱中的當兒對他們產生自以為義的反感。當你想受人稱讚的時候——或想論斷的時候，在鏡子面前端詳一下你自己吧。可是卻別對自己絕望。

* * *

在低低的雲層間光線漸漸滅沒。紛紛下降的雪飲於暮色中，覆蓋在靜默中。樹枝把我裹在它們的謐裏。一色中，覆蓋在靜默中。樹枝把我裹在它們的謐裹。一旦當所有的界限都被塗抹，再一次面對那使人驚異的事實：我存在。

* * *

甚至在最繁忙的活動之中，對於那個從不曾真的「接近」過另一個人的人，有種不真實的感覺。那古老的童話：那個被魔法變成隱形或變成野獸的人只能藉著另一個人的愛才能重獲他的人形。

* * *

獨自徘徊在原野的泉旁，再一次你又深深覺察自己的孤獨——就是這樣並且一直都是這樣。一直都是這樣——甚至，偶而，當別人的友誼遮蔽了這赤裸的事實。

然而這泉生意盎然。而你作哨兵的責任仍在你身上。

* * *

「神啊，祢是我的神……

……在乾旱疲乏無水之地。我在聖所中曾如此瞻仰祢，為要見祢的能力和祢的榮耀。」(《詩篇》六三：**1**－**3**)

* * *

祢執起筆——一行行的字句就跳躍。

祢執起笛——音符就閃光。祢執起畫筆——油彩就都歌唱。在祢所在的超越時間的空間裏，一切的事物都具有意義和美。如此我怎能保留任何東西不獻予祢？

一九五六年間作品

這些日子，我一直在我的記憶中搜索。

而，突然，我發現了——夢娜麗莎的微笑。

當時，正是她死後一個小時，我看到那個微笑——一個祕密的異象，一項沈默的肯定，一陣安恬的喜樂——我看見了，而且以為我懂得它的信息。

* * *

盡你所能的去做——而那份任務就會在你手中變得很輕，輕得使你能夠帶著期待的心情去接受那些可能正在前面更艱鉅的考驗。

* * *

當早晨的清新已被中午的困倦所代替，當腿上的筋肉在過度疲勞之下顫動著，前面仍要攀登的途程似乎永不會終結，而，突然地，似乎所有的事情都不能如你所願的進行——就是在這個當兒你絕不能躕躕不前。

* * *

饒恕乃是一個孩子的夢的實現——他夢想一項神蹟的出現，使得已破碎的恢復完整，已玷污的恢復清潔。這個夢解釋我們為甚麼需要被饒恕，又為甚麼我們需要饒恕別人，在神面前，沒有任何東西在我們與祂之間作了屏障，——我們已被饒恕。然而我們不能感到祂的同在，若是我們允許任何事物在我們與他人之間作了屏障。

* * *

——不叫我們遇見試探，
救我們脫離兇惡：
讓我裏面所有的一切都事奉祢，
而這樣就釋放我脫離所有的恐懼。

你敢於說出你的「是的」——於是就經歷到一種意義。
你重覆你所許下的「是的」——於是所有的事物都獲得意義。
當一切都有了意義，你還能夠過甚麼別的生活，
除了一種「是的」的生活。

* * *

去愛生命與人類如同神愛他們一般——
為著他們無限的可能性的緣故。
去等待如同祂一般，
去判斷如同祂一般，
卻不發出論斷，
去服從命令當上面有令下來，
而永不向後看——
然後祂就能用你——然後，也許，祂會用你。

而若是祂不用你——也沒有關係。在祂手中，每一刻都有其意義，有其偉大，有其光榮，有其平安，有其共存的永久性。

*　*　*

願祢的名為聖，
　　非我的，
願祢的國降臨，
　　非我的，
願祢的旨意成就，
　　非我的，
助我們與祢和好，
　　與人和好，
　　與自己和好，
而且釋放我們脫離一切的恐懼。

*　*　*

你問到底這些札記，對那條原來要藉著它們留下的痕跡，而走出來的「道路」是否不忠實？

這些札記？它們原是你開始豎起的路標，在你抵達某一個地步之後，你覺得需要它們，那是不可忽略的固定目標。就是這樣它們一直被保留著。可是你的生命已經改變了，而現在你想到它們可能會有讀者，也許，甚至你盼望它們會有。然而，也許以後仍會有人深深地感到有興趣，當他發現了一條路，委身於其上的那個旅人在他生前並不願公開提到它。

也許——除非你所寫的誠實得沒有半點虛榮或自我炫耀的痕跡。

*　*　*

前進！祢的命令祕密地下來。但願我時當聽見—而且服從。

前進！不管我已經走了多遠，我仍然沒有權利停下來。

前進！我們整個旅程的價值要視我們在抵達終點以前對最後幾步所付出的注意力而定。

*　*　*

「……我的事在經卷上已經記載了。

我的神啊，我樂意照祢的旨意行，祢的律法在我心裏。

我在大會中宣傳公義的佳音，我必不止住我的嘴唇。耶和華啊，這是祢所知道的。」《詩篇》四十：7—9)

一九五八年間作品

是否祢將我置於這無可逃避的孤獨中，
使我更易於將一切獻予祢？

*　*　*

還可以有幾年，然後呢？一個生命唯一的價值在於它的內涵——為著別人。若我的生命對別人沒有價值，它就比死亡更糟。因此，在這極深的孤獨中，服事所有人吧。因此，我所得到的其實是何等的多，而我所謂要「犧牲」的是何等無意義。

願祢的名為聖，

願祢的國降臨，

祢的旨意成全——

*　*　*

你從噩夢中醒過來，然後——就在一剎那間——越過所有的雜音、所有的動作，你看清楚了，那唯一真實的東西：在破曉朦朧的光輝中燃燒著平靜、堅定的愛的火焰。

*　*　*

當信心達到「神與靈魂結合」的地步，你在神裏面就達到一致，而

神就完全在你裏面，

正如，對你而言，祂完全在你所遭遇的一切裏面。

帶著這種信心，你在禱告中俯伏下來與「那一位」相遇，

在這個聯合的堅定不動搖的光輝中，

看到所有的事物，如同你自己一樣，單獨竚立在神面前。

而你每一個行動是有創造性的行動，一方面有知

覺的，因為你是負起人類責任的人，然而另一方面，卻又被一種超越的力量管制著，即那創造了人類超越人的知覺的力量。

你從事物的桎梏中解脫了，可是你遇上事物時，卻又感受到到從啟示中得來的那種有解脫力的純潔和能明朗地展露的清晰。

當信心到達「神與靈魂結合」的地步，一切的事物，也就有了意義。

那麼，運用所賜予你手中的一切而活出那種生命來吧……

一九五九年間作品

「祢所喜愛的，是內裏誠實。祢在我隱密處，必使我得智慧。」(《詩篇》五一：6)

以「信心」——與一切事物之間的活的，連續不斷的關係。「在神面前」，因此可以確定靈魂被保守在真理中。

*　*　*

意識到罪惡的真實以及個人生活中的悲劇，同時，也意識到生活必須活得正當、規矩。

*　*　*

社會的「精華分子」與羣眾之間的分別端在乎他們對

「質」的堅持。這暗示著一種責任，對一切為一切的責任，對過去為將來，這也反映出對生命的一種謙卑及自發的反應——包括它的無盡的可能性，及它獨特的、永不會再重演的「現在」這一刻。

*　*　*

在同等程度上，謙卑都是「自我貶抑」和「自我提高」的反義。等於不去作任何的比較。對自己有真實的認識，便不會覺得自己比宇宙間任何人、事、物更好或更壞，更偉大或更渺小。自己肯定了自己——否定了自己，然而同時又與萬物合一。在這個層次裏面謙卑才是絕對的「自我抹煞」。

在謙卑的「自我抹煞」裏面完全否定自己，然而，為著所負的使命，作為一個曾被呼召去負起這個使命的人，卻又把自己的重要與分量全部具體地表現出來。把自己所能貢獻給人們、工作、詩歌、藝術，然後很自然地、很自由地去接受那屬於自我內裏身分的力量。成功或打擊，臨到這樣一個生命，都不會留下任何痕跡或打翻它的平衡。

向著這個目標，求祢助我，我的神——

一九六〇年間作品

饒恕砍斷了因果律的鏈鎖，因為那位「饒恕」你的——

為著愛的緣故——把你所做的一切後果擔承在自己的肩上。故此，饒恕永遠需要犧牲。

因為另一位的犧牲你得到釋放了，而為此你必須付出的代價乃是你也必須願意用同樣的方法去釋放別人，不管在你身上所引起的後果如何。

* * *

當我念及在我以前的古人，我的感覺就彷彿在一個宴會中，當主賓離開了以後，還要捱過去那些死沈沈的時光。

當我念及在我以後要來的後來者，我的感覺就彷彿參與著準備一個盛筵，可是它的樂趣我卻沒有機會享受。

聖誕節接著耶穌的降生節，這是多麼正確的——。對向前看的人來説，各各他山才是放置馬槽的地方，而十字架早就在伯利恆豎起了。

努力吧，忍受死亡的痛苦，
為要得著永恆的平安：
那些受過考驗而忠心到底的人，
天堂之門為他們大大敞開。

(Archbishop J.O. Wallin, 1819)

「我必安然躺下睡覺，因為獨有祢，我的神，使我安然居住。」(《詩篇》四：8)「祢叫祢的民遇見艱難，祢叫我們喝那使人東倒西歪的酒。祢把旌旗賜給教(編按：應作「敬」)畏祢的人，可以為真理揚起來。」(《詩篇》六十：3-4)——寫於聖誕前夕

*　　*　　*

月亮掛在樹椏間：
我的心十分沈重，
為著它曾許下的誓約。
眾樹沈睡著，
赤裸地向夜空敞露。「然而，
不要照我的意思。……」

我仍須獨自擔負著重擔：
他們聽不到我的呼喚，
大地一片靜寂。
很快，此刻，火把，親吻：
很快在破曉之前的灰色中，
在審判的公堂裏。

在那裏他們的愛能助我嗎？
在那裏，唯一重要的問題是
我是否愛他們。

*　　*　　*

那條路，
你將跟隨它。

那樂趣，
你將忘掉它。

那杯子，
你將倒空它。

那痛苦，
你將隱藏它。

那事實，
你將獲悉它。

那結局，
你將忍受它。

緊扣時代 服事教會

以文字傳揚基督真道

讀者意見表

衷心多謝你購買本社書籍。本社一直致力以出版事工服事教會，幫助信徒扎根於神的話語，促進靈命增長。為使我們的出版更能滿足你的需要，請填寫下列各項資料，並寄回或傳真予本社。

所購書籍：＿＿＿＿＿＿＿＿＿＿

本書最吸引你的地方：

☐作者 ☐適切性 ☐文筆 ☐設計 ☐實用性

☐其他：＿＿＿＿＿＿＿＿＿＿

購買本書地點：

☐基道書樓 ☐基督教書店 ☐非基督教書店

性別：☐男 ☐女 職業：＿＿＿＿＿＿＿＿

信仰：☐基督徒 ☐非基督徒

年齡：☐ 16 歲或以下 ☐ 17～25 歲 ☐ 26～35 歲
☐ 36～55 歲 ☐ 56 歲或以上

學歷：☐中三或以下 ☐中五 ☐預科
☐大學 ☐研究院

☐我欲更多了解基道出版社的事工及考慮支持，請寄給我下列資料：

☐機構簡介 ☐新書資料 ☐「書中行」書會資料
☐《基道文字事工通訊》

姓名：＿＿＿＿＿＿＿＿＿＿ 電話：＿＿＿＿＿＿＿＿

地址：＿＿＿＿＿＿＿＿＿＿＿＿＿＿＿＿＿＿＿＿

＿＿＿＿＿＿＿＿＿＿＿＿＿＿＿＿＿＿＿＿

傳真：＿＿＿＿＿＿＿＿ 電子郵件：＿＿＿＿＿＿＿＿

其他意見：＿＿＿＿＿＿＿＿＿＿＿＿＿＿＿＿＿＿

＿＿＿＿＿＿＿＿＿＿＿＿＿＿＿＿＿＿＿＿

多謝賜教！

意見表可以傳真（2687-0281）或直接郵寄以下地址：
香港沙田火炭坳背灣街26號富騰工業中心1011室
基道出版社編輯部收